HF405277

Rómulo
Gallego-Badillo

DISCURSO SOBRE CONSTRUCTIVISMO

NUEVAS ESTRUCTURAS CONCEPTUALES, METODOLÓGICAS Y ACTITUDINALES

Cooperativa editorial
MAGISTERIO

Colección Mesa Redonda

DISCURSO SOBRE CONSTRUCTIVISMO
Nuevas estructuras conceptuales,
metodológicas y actitudinales.

Autor
© *RÓMULO GALLEGO BADILLO*
    Premio Nacional de Pedagogía 1.991

Colección ISBN   978-958-20-0050-9
Libro ISBN   978-958-20-0267-1

Primera edición: 1996
Segunda edición: 2008

© *COOPERATIVA EDITORIAL MAGISTERIO*
    Diag. 36 Bis # 20 - 70 Park Way - La Soledad
    Celular: (+57) 312 4354489
    www.magisterio.com.co
    info@magisterio.com.co

Dirección General
ALFREDO AYARZA BASTIDAS

Dirección Editorial
ILSE PATRICIA SÁNCHEZ R.

A

Rufina Antonia
Badilllo de Gallego

Con quien aprendí que "parte del arte"
consistía en tejer ideas e hilvanar conceptos.

CONTENIDO

PRESENTACIÓN

Las siguientes anotaciones para la elaboración de una epistemología propia del constructivismo tuvieron una primera versión elaborada durante los meses en que el autor disfrutó de una pasantía internacional investigativa en el verano de 1990, realizada en el Instituto para la Pedagogía de las Ciencias Naturales (IPN), adscrito a la Universidad de Kiel (Alemania). Ella fue posible gracias al Programa ICFES-BID-Universidad Pedagógica Nacional, para el mejoramiento de los posgrados, el investigador y la investigación en Colombia. Vayan, por tanto, para el profesor Heinrich Stork y su equipo de investigadores mis agradecimientos. De igual manera, para quienes gerenciaron el Proyecto ICFES-BID señalado, las directivas de ese entonces de la Universidad Pedagógica Nacional y los colegas del departamento de Química de la misma institución académica.

Dar a la "luz pública" estos apuntes obedeció, en primer lugar, a las sugerencias hechas por los profesores del departamento de Educación de la Universidad Industrial de Santander (UIS), en especial al interés expresado por la distinguida colega Aura Luz

9

Castro de Pico, la directora, y al apoyo encontrado en los investigadores de CEDEUIS, entre quienes es preciso destacar a la doctora María Marcedes Callejas de Baratto. Gracias a todos ellos, y a las directivas de la UIS, fueron factibles varios seminarios sobre la temática, dirigidos por quien escribe estas notas, en esa universidad y en otras instituciones educativas de la ciudad de Bucaramanga (Colombia). La especial acogida que tuvieron entre los participantes los postulados constructivistas, convencieron al autor de la nececidad de mejorar y pulir los borradores iniciales. Tuvo significativa influencia el aporte hecho por las preguntas y discusiones que se suscitaron.

En segundo lugar, porque en sus aplicaciones pedagógicas y a partir del sistemático trabajo de divulgación emprendido por la facultad de Ciencia y Tecnología de la Universidad Pedagógica Nacional, el autor ha adquirido conciencia de la atención creciente que el constructivismo está cobrando entre los profesores de educación primaria y secundaria de Colombia, lo que hace necesario poner en sus manos un texto que les permita iniciar una discusión rigurosa sobre tal paradigma, con la intención de evitar que éste sea convertido en un dogma sustituto, lo cual no se aviene con los principios más caros de quienes se precian de estar inscritos dentro de dichos delineamientos.

Por otra parte, y hay que decirlo, aun cuando la concreción en un escrito más o menos coherente ocurrió en el IPN de la Universidad de Kiel, las ideas habían venido siendo hilvanadas desde 1979, en esos "almuerzos de trabajo" que el autor sostuvo con el colega Royman Pérez Miranda, profesor del departamento de Química de la Universidad Pedagógica Nacional. Esos encuentros académicos estuvieron motivados por la búsqueda de respuestas aceptables a una serie de interrogantes que tenían que ver con la naturaleza de la química como saber científico y cómo derivar de esas reflexiones una pedagogía y una didáctica que no les fuera extraña. Había en el fondo una insatisfacción con la enseñanza de dicha ciencia en todos los niveles del Sistema Educativo Nacional y sus precarios resultados en términos de producción de nuevas estructuras conceptuales y metodológicas en su interior. Agréguese la preocupación por la no real constitución de una comunidad científica en el país, que se dedicara a esa actividad productiva y acerca de la cual los pedagogos teníamos mucho que decir y aportar. A los dos se unió, posteriormente, Manuel Erazo Parga, también profesor del mismo departamento de Química.

En el transcurso de la década de los ochentas se creó y puso en marcha el Programa de Maestría en Docencia de la Química, apoyado por el ICFES-BID, que lo cimentó con la traída de investigadores de reconocida trayectoria internacional, hecho que se constituyó en magnífica oportunidad para contrastar, en el contacto interpersonal, los avances que el grupo había logrado. Las conclusiones obtenidas hablan en favor de un gran desarrollo teórico pero, a su vez, señalan la falta de tradición en lo que a publicaciones se refiere; una empresa a la que hay que hacer frente en estos próximos años.

Otro hecho que también significó un avance positivo fue la organización de un grupo que comenzó a pensar el problema de la epistemología, la pedagogía y la didáctica de la tecnología, campo éste en el cual el paradigma constructivista parece ser mucho más evidente o, por lo menos, demostrable con mayor contundencia. En el departamento de Tecnología de la Universidad Pedagógica Nacional, el grupo mencionado realizó un esfuerzo conceptual y metodológico para elaborar una posición que superara la visión empírico-positivista que ha caracterizado a los trabajos en este sector de la cultura universal.

La mención no puede dejar por fuera a los estudiantes de pregrado y de posgrado del departamento de Química, quienes con sus tesis han hecho significativos aportes al fortalecimiento del paradigma constructivista. Algo semejante hay que afirmar para algunos de los estudiantes del pregrado del departamento de Tecnología, hoy profesionales, entre quienes cabe mencionar a Iván Urrea Ospina, quien ha continuado en sus reflexiones epistemológicas y didácticas. En la biblioteca del departamento de Química existe un trabajo de grado titulado "El constructivismo, un estado del arte" (Ayala L., C.L. y Hamon D., G. R., 1991), el cual puede ser consultado por quienes se interesen por saber qué se ha dicho hasta el presente en torno a este movimiento intelectual.

Dejando a un lado los puntos de referencia anteriores, con el fin de puntualizar las necesidades conceptuales que movieron a la redacción de las presentes "anotaciones", vale la pena consignar los siguientes interrogantes: ¿por qué es indispensable generar una epistemología que sea propia del constructivismo? Como saben todos quienes conocen las investigaciones en la pedagogía y la didáctica de las ciencias experimentales, en ellas se toman como fundamento las elaboraciones de T. S. Kunn, de I. Lakatos y de S. Toulmin, principalmente, estando cada grupo inscrito en las ideas de uno u otro de estos autores, incorporando, en forma reinterpretada, los aportes de los demás. Sin embargo, surge una duda: ¿hasta dónde son constructivistas los mencionados epistemólogos?, ¿es el darwinismo toulminiano constructivista? Quienes han estudiado a I. Lakatos saben que éste parece estar más del lado de los dogmáticos que de los escépticos. Mucho más allá, si se le preguntara a F. Bacon si es el ser humano el constructor de su conocimiento, ¿qué respuesta se esperaría? A lo mejor optaría por la afirmativa.

Existe la sospecha de que el constructivismo ha sido didactizado y pedagogizado en forma demasiado rápida. Entre algunos investigadores, más que convidar a un esfuerzo teórico epistemológico, da la impresión de que se ha convertido en una palabra de referencia, en una mera etiqueta, con el fin de justificar una serie de intenciones que no pasan de ser deseos de reconocimiento que

12

buscan obtener financiación para los proyectos. Esta afirmación no pretende devaluar los resultados positivos que en el campo de la enseñanza de las ciencias ellos han obtenido. Lo que se pretende resaltar es que ese sólo dejar sentado que se trata de constructivismo, ha excluido del trabajo académico la labor de desarrollar una epistemología no extraña, como si el paradigma en cuestión estuviese ya acabado y la ocupación consecuente fuera su aplicación pedagógica y didáctica. Incluso, ciertos investigadores en la enseñanza de la ciencias experimentales no se han preocupado por el problema de la construcción o reconstrucción de los conceptos y teorías, sino que admiten y parten de lo que los empírico-positivistas han establecido al respecto. ¿Será que el constructivismo es en sí ecléctico? La polémica queda abierta.

Las indagaciones bibliográficas, en todo caso, parecen sugerir que el constructivismo es una estructura conceptual, metodológica y actitudinal en la cual son conjugadas teorías de la psicología cognitiva (en cuanto a indagación de cómo y por qué se originan las representaciones y sus conceptos en la conciencia humana y qué relaciones tienen con el mundo exterior), de la epistemología (la naturaleza de los saberes y el conocimiento en las relaciones individuo-comunidad), de la lógica (el problema del pensar metódico y las leyes de la deducción y la demostración de las hipótesis), de la lingüística (la codificación y descodificación comunitarias) y de la pedagogía y la didáctica (la transformación intelectual y el aprender a leer y a escribir en un lenguaje especializado).

Hay algo que no puede pasarse por alto en esta presentación, y en ello se está parcialmente de acuerdo con S. Toulmin: la construcción del conocimiento científico y tecnológico competitivo es una empresa racional que tiene necesariamente que ser asumida como un proyecto social y político, el cual propenda hacia la creación y la dinamización de las comunidades de especialistas, pues es en el interior de ellas donde las "poblaciones conceptuales" evolucionan, se diversifican, se reproducen críticamente y dan sus mejores frutos. Esas comunidades de especialistas, para tal efecto, deben ser "instituciones sociales" interrelacionadas con el todo que configura a la sociedad civil, sus necesidades e intereses. No bastan, por tanto, las declaraciones de buenas intenciones. Se precisa de una voluntad colectiva que instaure, apoye y ponga a caminar esa empresa racional. Para nosotros los latinoamericanos, ella implica la indispensable creación de un mercado subregional, sin proteccionismos a ultranza, que use y consuma los productos elaborados a partir de las distintas investigaciones que se adelanten. Esos productos no pueden ser otros que información especializada y artefactos.

Reinterpretando la recomendación de Ausübel, cuando postula que se averigüe lo que el alumno ya sabe y se proceda de conformidad, este es un mandato de reconocimiento que no puede ser echado al cajón de las cosas interesantes pero inaplicables por una supuesta realidad, cuya modificación es imposible en la práctica. El lema ausubeliano es un llamado a poner coto al colonialismo cultural, ese que busca imponer modelos y formas de concepción y actuación en el mundo, diferentes a las cimentadas por una historia de realizaciones que ha resistido los embates de los destructores. Cualquier estructura conceptual y metodológica que se presente a la gente sin tener en cuenta lo que ella ha construido al respecto, no encajará y no generará las reconstrucciones y transformaciones esperadas. Este hecho será mucho más perjudicial si esas estructuras conceptuales y metodológicas extranjeras se enseñan bajo la óptica del pragmatismo oportunista, despojadas de sus condiciones genéticas, independientes del nicho sociocultural y económico que las permitió. A lo mejor serán asumidas como meros algoritmos de utilización coyuntural, reafirmando la dependencia.

Es quizá lo que sucede con los intentos de imponer entre los latinoamericanos los presupuestos y formas de ver el mundo de la *modernidad*; es el trasplante de un tejido, para usar la metáfora biológica, a un organismo sociocultural que sigue patrones y está conformado de manera distinta. A Europa no le llegó la modernidad desde el exterior. Ella la construyó, como un horizonte, al cual sus propios procesos de desarrollo necesariamente tenían que conducirla. No significa lo afirmado que se tenga que hacer *tabula rasa* de este hecho histórico. Sería un absurdo oscurantista. La creación de nuestro propio proyecto, desde una crítica conceptual y una revisión de fundamentos, ha de constituirse en un referente indispensable, más no en un cambio único a seguir, pues tal actitud nos mantendrá siempre a la zaga.

Un ejemplo sirve para mostrar lo que se quiere dar a entender: recuérdese que Galileo al crear el experimento en física, como un diseño tecnológico, retomó la técnica desarrollada por los artesanos, matematizó los aparatos por ellos fabricados y los convirtió en instrumentos científicos, vehículos necesarios para demostrar sus hipótesis. Con esa realización transmutó la técnica en tecnología. Cuando después esos artefactos, transformados por la *episteme* del cálculo matemático, según A. Koyré, regresaron al común, fueron recibidos como algo que les pertenecía, que había salido de su propio devenir cultural. Para los europeos la revolución científico-tecnológica que se iniciaba, era de ellos, una consecuencia del mundo que todos habían contribuido a constituir. Y no fueron todos, evidentemente.

Los latinoamericanos, después de quinientos años de una historia accidentada de mestizaje, de luchas contra todas las adversidades, han construido soluciones para sobrevivir a las violencias endógenas y a las procedentes de las cuatro esquinas del universo; soluciones exitosas, pues estamos aquí haciendo acto de presencia, luchando por la continuidad. Y somos tan capaces, que a pesar de las fuerzas destructoras, hemos elaborado una experiencia contra la muerte, unos conocimientos que nos han hecho posible la supervivencia, por lo que han de ser reconocidos como un buen punto de partida para cualquier propuesta de transformación conceptual y metodológica que nos propongamos.

Volviendo a Ausübel, ningún educador latinoamericano cuenta con justificaciones admisibles para desconocer que nuestros alumnos se han "cocinado" intelectualmente en un medio que ha producido soluciones eficaces para actuar, con relativo éxito, frente a una situación histórica eminentemente conflictiva. Para reiterarlo, la prueba de ello es que tanto el maestro como los discípulos se encuentran allí, en el aula de clase, vivos, trabajando por la existencia, luchando por la dignidad, intentando romper con una tradición que partió del no reconocimiento al indio, de la destrucción de sus conquistas culturales, y que después lo hizo con los africanos, para extenderse a todos los mestizos, que hoy somos la inmensa mayoría. La violencia continuará hasta el día en que, constructivísticamente, esto sea reconocido y nuestra educación parta desde lo que somos y desde la manera como nos hemos constituido.

Como siempre y en todos los trabajos realizados por el autor, estas anotaciones no tienen otra pretensión que la de hacer un llamado con el fin de aunar esfuerzos entre nosotros, en el convencimiento —y se repite de nuevo— de que la cultura que hemos elaborado ha constituido un proyecto colectivo de vida, soluciones afectivas planteadas frente a los retos que nos hemos creado ante la misma. Todo lo que aquí se dice no posee el objetivo de fundar una verdad absoluta y es, por consiguiente, criticable, reformulable y rectificable. Se trata de un proyecto que debe ser desarrollado.

EL AUTOR

Capítulo 1

Consideraciones generales

Las personas que han entrado en contacto directo con la investigación pedagógica y didáctica actual en el área de las ciencias experimentales, saben que los distintos especialistas toman como fundamento y punto de partida lo que ha sido denominado constructivismo. Helga Pfundt y Reinders Duit (1988) presentan, en una publicación relativamente reciente, una revisión bibliográfica sistemática en la que enlistan la cantidad de artículos y trabajos desarrollados en los diferentes frentes en que el problema de la enseñanza y del aprendizaje de las ciencias ha sido atacado por quienes son partidarios del enfoque en cuestión. Los autores demuestran así, tanto la extensión como la aceptación mundial que entre los especialistas posee el constructivismo.

Es conocido el artículo escrito por el profesor J.D.Novack (1988), donde señala a esta corriente intelectual como un marco conceptual y metodológico emergente, que está despertando consenso entre quienes han venido buscando salidas al encierro creado por el conductismo operante y sus diseños instruccionales. J. D. Novack opone el empiropositivismo al constructivismo, por cuanto los postulados de este último concuerdan mejor con el desarrollo y progreso de las ciencias experimentales y las tecnologías, y niega la creencia del primero en un conocimiento verdadero y universal, que permanece en correspondencia uno a uno con el modo como el mundo natural y social realmente funcionan, de tal forma que la meta de los empiropositivistas en todo proceso de conocimiento, consecuentemente, es descubrir ese supuesto saber verdadero. Para ellos, además, el saber logrado es acumulativo, por lo que, al igual que cualquier descubridor, hablan de conocimiento de frontera o de punta.

Por el contrario, los constructivistas sostienen que el ser humano en comunidad construye sus saberes o, de manera específica, estructuras conceptuales y metodológicas, en relación con su cultura, como elementos básicos para regular sus relaciones consigo mismo, con la sociedad y con la naturaleza. Y es éste el postulado básico general. Esas estructuras, por una parte, poseen un nicho de suposiciones o creencias que sugieren modelos sobre las estructuras y funcionamientos de los individuos, de la naturaleza y de la sociedad y, de otra parte, al ser tales estructuras la base del ordenamiento de las actuaciones metodológicas que posibilitan la intervención en la realidad extrasubjetiva, tienen una organización que, *mutatis mutandis*, puede ser signada como hipotético-deductiva, en la medida en que son utilizadas para la predicción, el control y el dominio instrumetal, por lo menos dentro del espacio de actuación que delimitan. Admítase, en gracia de discusión, que mientras dichas estructuras respondan con éxito relativo a las intencionalidades que les dieron origen, serán conservadas y su evolución seguirá un ritmo lento.

Una mirada a lo largo de la historia de la civilización occidental, por ejemplo, muestra que, si bien los seres humanos tienen la tendencia a no abandonar en forma fácil sus construcciones intelectuales, las estructuras conceptuales y metodológicas varían y cambian con el tiempo, afirmación verificable en el caso de las ciencias y las tecnologías, sobre todo a partir de mediados del siglo XIX, con la instauración de las sociedades abiertas (Popper, K., 1985). Este hecho ha llevado a hablar de "poblaciones conceptuales" que, al igual que las genéticas, evolucionan (Toulmin, S., 1977).

Si el conocimiento científico descubierto fuese verdadero, absoluto y universal, como es el parecer de los empírico-positivistas, no experimentaría transformaciones ni habría cambios de perspectivas en el trabajo de los especialistas. Por tanto, enmarcados en la aceptación de dichos cambios y transformaciones, la indagación de las razones por las cuales los seres humanos en comunidad construyen conceptos, categorías, nociones e ideas sobre el mundo natural y social, por qué las conservan y por qué deciden abandonarlas y elaborar otras, resulta una tarea de profundo significado epistemológico y pedagógico. Y es menester explorar hipótesis admisibles y discutibles.

Dejando de lado señalamientos un tanto peyorativos y con el ánimo de presentar una información esquemática, recuérdese que la historia de la filosofía reconoce, en cuanto a la problemática del origen del conocimiento, dos corrientes epistemológicas básicas y opuestas: el empirismo y el racionalismo. Para el primero, el conocimiento se origina en la percepción por lo que el auténtico es aquel que se adquiere a través de los sentidos. Precisa, además, que no son las cosas los objetos inmediatos del conocer, sino las ideas o representaciones que el entendimiento elabora de ellas. El segundo, el racionalismo, argumenta que las verdades de las proposiciones sobre el mundo son producto de la razón; verdades que constituyen una propiedad de esas proposiciones, las cuales niegan o afirman algo sobre la realidad extrasubjetiva.

Entre los empiristas, cabe destacar a John Locke (1623-1704). Para este pensador inglés no hay otra fuente del conocimiento que la experiencia y la reflexión sobre las representaciones que esa experiencia suministra. Niega la existencia de principios innatos en la mente, pues ésta es una *tabula rasa*, algo vacío de contenidos que sólo la experiencia se encarga de llenar. Él es partidario de la vieja expresión de que "no hay nada en el entendimiento que no haya pasado por los sentidos", atribuida a Epicuro. La observación, al ocuparse de los objetos sensibles externos o de las operaciones internas de la mente, es la que proporciona al entendimiento todos los materiales del pensar. En rigor, sostiene que el conocimiento es el resultado de la asociación y comparación de los datos que se obtienen mediante la experiencia y su objeto son las ideas, definidas como contenidos del entendimiento y sin ningún carácter ontológico. Esta afirmación hace referencia exclusivamente al conocimiento empírico, porque para el matemático y geómetra, por ejemplo, admite que el conocimiento se adquiere por demostración, y no por la experiencia, y su validez conceptual se halla en el sujeto mismo.

Otro que se destaca es David Hume (1711-1776), quien retoma a Locke y al idealismo de dar el nombre de Berkeley. Para él, los cuerpos no son más que grupos de sensaciones y el Yo, una colección de estados de conciencia. Así pues, parte del principio de que sólo se cuenta con las impresiones de los sentidos, precisando que estas configuran los fenómenos psíquicos. No encuentra en los fenómenos del mundo ni razón ni lógica: se perciben hechos aislados sin ningún encadenamiento de causa-efecto. Si se habla de causalidad es por puro hábito, ya que cuando se establece que un hecho es causado por otro es porque en un momento dado de la experiencia eso se percibió y se repitió de la misma manera. Tal creencia en la causalidad, por consiguiente, se funda en un hábito que se va cimentando, poco a poco, mediante la experiencia repetida; de ahí que el concepto de causalidad sea sencillamente una sucesión habitual. En cuanto a si ella es una relación necesaria, esto es, sin contradicción, estipuló que los juicios analíticos (a priori) poseen esa condición, mientras que los sintéticos (empíricos) no son necesarios sino en la apariencia que produce el hábito.

En síntesis, para el empirismo la verdad es lo que señala la realidad exterior a través de lo que se puede ver, por lo que aquello que no es apreciable con la visión no es conocimiento. En lo relacionado con la diferencia entre el conocimiento científico y el común y cotidiano, el propio de la gente ordinaria, puntualiza que aquel crece por la acumulación de hechos absolutos y posee un método único y particular que es el inductivo (inductivismo), cuya pretensión es la de poder pasar de enunciados singulares o particulares (descripciones de observaciones) a enunciados universales (hipótesis o teorías) (Popper, K., 1962).

En cuanto al racionalismo, su cabeza es René Descartes (1596-1650), con su pregunta central: ¿qué se puede saber?, y su preocupación por mostrar que no hay un camino cierto para adquirir el conocimiento. De ahí que se interrogue sobre la posibilidad de la existencia de un método, en principio. El *cogito ergo sum* es la columna vertebral del programa filosófico inaugurado por el Cartesio, cuyo significado es centrar en el ser humano la problemática del conocer, coincidiendo en el tanto el sujeto como el objeto del pensar, gracias a esa facultad natural de distinguir lo falso de lo verdadero que es la razón, por lo que la cuestión es usarla bien y encontrar garantías metodológicas con el fin de evitar el error. Otros racionalistas son también Baruch Spinoza (1632-1677) y Gottfried Wilhelm Leibniz (1646-1716). La variante apriorística del racionalismo se da con Emmanuel Kant (1724-1804), quien criticando a Hume, toma como fondo de su filosofía la "revolución copernicana". Con él, ni la sensibilidad ni el entendimiento permiten conocer a fondo las cosas, ya que lo único que se puede trabajar son los fenómenos. La "cosa en sí" es incognoscible, siendo el mundo sensible una organización realizada por las formas *a priori* de la sensibilidad y del entendimiento. El Yo trascendental es el legislador del mundo fenoménico y, por consiguiente, la garantía suprema de la racionalidad. Después de Kant, vendrán el idealismo trascendental y el positivismo.

Este último se inicia con Auguste Comte (1796-1857). Los planteamientos determinantes de esta corriente filosófica se centran en el dominio absoluto de los hechos observados en la experiencia y en que las ciencias naturales son la máxima expresión del saber positivo. Su desarrollo posterior se conoce como positivismo lógico, el cual aparece en los años veinte con la escuela filosófica conocida como Círculo de Viena. La intención que los impulsa es el combate contra cualquier asomo de sospecha de la existencia de realidades distintas a la de la ciencia y a la del saber cotidiano, los cuales se constituyen en los únicos espacios factibles de contrastación de los enunciados empíricos. Para el positivismo lógico, las funciones cognoscitivas tienen un carácter puramente operatorio. Cualquier enunciado que no sea empíricamente verificable (excepto los matemáticos y lógicos), carece de significado. En general, se puede afirmar que el positivismo es una posición epistemológica contra las construcciones metafísicas del idealismo y propone que la ciencia no debe ocuparse de porqué ocurren los fenómenos, sino de cómo y de qué manera suceden. Son representantes de esta escuela: Frege, A. B. Russell, Schlick, R. Carnap, Neurath, Mach y Ayer, entre otros.

Fundamentos y razones

Nadie niega que el cerebro humano es una de las organizaciones biológicas más complejas en este orden del universo explicitado. El emergió y se fue conformando a través de una accidentada evolución, en la medida en que se fue desarrollando un juego de formulación-aceptación de retos vitales, sobre el fondo de una plasticidad y versatilidad creativas, inherentes a la configuración propia de los organismos vivos, los cuales no pueden existir sin un permanente intercambio con el entorno. En relación con los animales es aceptable, entonces, la idea de que el mundo por ellos habitado es el que crean en sus cerebros por la integración de las entradas sensoriales. Ese mundo interior erigido en el cerebro será tan complejo, cuanto lo sean las entradas sensoriales y la elaboración neuronal que de ellas haga la organización encefálica (Lewin, Roger, 1986). El ser humano parece poseer una estructura cerebral bastante avanzada, pues las respuestas que elabora frente a los imperativos existenciales, demuestran un mundo interior rico y complejo.

En 1970, Jacques Monod precisaba (Monod, J., 1985) que, dentro de las funciones del sistema nervioso central, además de las de coordinación neuromotriz, se hallaban las de contener programas de acción, las de analizar, filtrar e integrar información, con el fin de construir una representación del mundo exterior desde la cual registrar acontecimientos significativos. Intrincada con las anteriores, el conocido investigador enlista la de imaginar, es decir, la de representar y simular acontecimientos exteriores o programas de acción del mismo animal. Para J. Monod, esta última función es la creadora de las experiencias subjetivas, que en el ser humano deviene en función superior por excelencia, reflejándose, tanto en sus cualidades semióticas y semánticas, expresadas en los distintos lenguajes que ha elaborado y puede construir, como en sus actuaciones fácticas.

El ser humano ha de ser entonces caracterizado, entre otras cualidades, por el hecho de poseer un cerebro en condiciones de representar, codificar, clasificar y comparar los acontecimientos individuales, sociales y naturales, simbolizarlos y elaborar nociones, categorías y conceptos a través de un lenguaje articulado. Ese lenguaje supone una estructura subyacente desde la cual observa y decodifica (hace lecturas sistemáticas), a la vez que permite la comunicación y la socialización de las interpretaciones. Un ineludible punto de referencia es el hecho de ser un animal social que necesita del intercambio de información con sus semejantes para poder realmente existir.

Jesús Mosterín (1978) sostiene que el aparato sensorial humano condiciona la percepción del mundo y determina las pautas en las que esa percepción es posible. De ahí que el mundo percibido dependa del aparato sensorial y de los acontecimientos de la realidad externa. Pero todo aquello que piensa y dice de esa realidad exterior no depende sólo de ella, sino del sistema conceptual que ha elaborado y mediante el cual selecciona, condiciona y especifica aquellos aspectos del mundo que tiene en cuenta, en los que piensa y sobre los cuales discurre. Así pues, el mundo pensado, la realidad interior construida en el cerebro, la posibilitadora de las experiencias subjetivas, es la organizada de acuerdo con ese sistema conceptual, que es aquel con el cual se relaciona con el mundo exterior, fijando su atención en algunos espacios de acontecimientos con la intención de convertirlos en objetos de conocimiento, de actuación y de control, es decir, construirlos como ámbitos de experiencia humana, de significaciones individuales y comunitarias.

El animal humano es el único en condiciones de construir significados de sí y del mundo exterior, plasmándolos en signos que, mediante la negociación cultural, hacen que signifiquen, que se conviertan en signos de alguien para alguien, por efecto de ese intercambio de representaciones conocido como comunicación. De ahí, por tanto, que no basta con semiotizar, sino que es necesario compartir las simbolizaciones, algo que supone un consenso, un acuerdo cuya consecuencia no puede ser otra que la de afianzar y darle objetividad social a esas representaciones codificadas. Se constituye una comunidad que utiliza los mismos símbolos para designar las cosas y los acontecimientos, de tal forma que en el juego simbólico no es necesario que estén presentes esas cosas y esos acontecimientos (Niño Rojas, Víctor Miguel, 1985).

Pero hablar de construir significados o representaciones es hacer alusión a un proceso y, por consiguiente, a un tiempo requerido para que se ejecute la construcción, lo que supone cierto arte, una habilidad susceptible de perfección. Habría también que agregar el período indispensable para la negociación cultural y el arribo a los consensos que le den objetividad social a las elaboraciones. Estas premisas conducen a concluir que todas las construcciones intelectuales del ser humano son históricas, en el amplio sentido de dicha afirmación. Por un lado, no son instantáneas, sino que obedecen a una maduración como experiencia de la persona en el mundo, tanto en los espacios cotidianos del ser y el actuar culturales como en los propios de las actividades especializadas, académicas o no. Incluso, los famosos "chispazos" de genialidad sólo se dan en individuos con una larga ocupación conceptual y metodológica en un campo específico. Por otro lado, el tejido sociocultural de cualquier comunidad se arraiga en su dinámica en una trayectoria de vieja data.

Otro aspecto sobre el cual es menester hacer precisiones se refiere a las actuaciones metodológicamente preparadas, con mucho o poco rigor, en especial en lo que se refiere a la creación de un escenario apropiado para cada una de ellas. En efecto, las representaciones no sólo designan cosas y acontecimientos, sino que también los ordenan al establecer comparaciones entre ellos. Sin esta actitud, no serían factibles el conocimiento ni la intervención práctica en el mundo. La comprensión, el control y el dominio instrumental de un espacio dado del mundo exterior sería una empresa sin resultados positivos, en términos de experiencia humana, si no se exigiera un orden mínimo, o, mejor, un ordenamiento del ámbito de actuación intelectual o práctica, según unos resultados que se pretenden obtener. Y cada tipo de actuación ordenaría, según sus fines, el espacio que requiere. No es extraño, por consiguiente, atribuir al ser humano la cualidad de introducir en la naturalidad de su nicho ecológico el ordenamiento que necesita. De otra manera, seguiría los patrones de vida que se observan en aquellos animales sometidos a los acontecimientos de la naturaleza. Es esta la razón por la cual las estructuras conceptuales y metodológicas tienen que ser necesariamente sistemas de ordenación, imaginados para un espacio existencial dado, como experiencia subjetiva que ha de objetivarse en la praxis de las actuaciones de control y de dominio, con las consiguientes verificaciones sociales.

Descartando el problema de la supervivencia y las motivaciones del poder, que deben ser traídos a cuenta a la hora de un discurso completo sobre este tema, una pregunta indagaría por las formas cómo llega el hombre a la indispensabilidad del orden y del ordenamiento como imperativo de la inteligencia. Una posición naturalista se aferraría a la percepción de las regularidades de los acontecimientos físicos y biológicos del mundo: nacer, crecer y morir; la sucesión de las estaciones; los períodos alternos de lluvia y de sequía; los ciclos diarios de luz y oscuridad; las fases de la luna; los períodos menstruales de las mujeres; los de celo en las hembras de los animales; etc. Pero la misma alusión a la percepción introduce el problema de que el aparato sensorial humano actúa como un todo integrado con el cerebro, el cual, como se dijo, la condiciona y la refiere a la estructura conceptual que la selecciona y determina.

La conciencia de estas regularidades es un hecho indiscutible y ellas, a lo mejor, estén en la base prehistórica de la construcción del concepto de tiempo. Sin embargo, no es suficiente. Se precisa de una concepción con sus supuestos y creencias básicas, que transforme acontecimientos en hechos y enlace los fenómenos más disímiles en una unidad que vaya mucho más allá de una mera colección, que sea algo más que una serie de registros almacenados en la memoria. Es decir, se hace necesario que exista un sistema que los organice y en el cual quepan descriptiva y explicativamente, con el fin de que se dé esa conciencia. Para tal efecto, ha de imaginar, dando a las cosas y a los acontecimientos naturalezas estructurales no evidentes.

La especulación sobre los inicios de las conceptualizaciones acerca del orden y la necesidad del ordenamiento del entorno en los tiempos prehistóricos, puede ser un ejercicio intelectual interesante. Podría, incluso, iniciarse el análisis desde el momento en que el ser humano se volvió sedentario e inventó la agricultura y la domesticación de animales, para no ir más atrás. Para los propósitos de las presentes anotaciones, basta con dar por sentado que toda persona, al provenir de una pareja, lo cual es ya un hecho cultural, no nace en un limbo sociocultural (ni proviene de la nada biológica). Viene a un mundo ya organizado según unas estructuras ideológicas, en las que imperan una serie de supuestos y creencias sobre cómo es y cómo debe ser ese mundo. Ese orden establecido canaliza las experiencias y los ordenamientos posibles, sobre todo cuando de una sociedad cerrada se trata. Entonces, si las actuaciones imaginadas desde la estructura conceptual y metodológica exigen una organización apropiada de los escenarios que les son requeridos, todo individuo se enfrenta al hecho de que la comunidad le exige que cree y tenga un orden admisible.

El orden, en un principio animista, se halla referido al ser humano mismo y a su organización comunitaria. Recuérdese que Anaximandro fue quien dio, por primera vez, el nombre de cosmos al mundo, palabra que hasta entonces tenía un sentido social y táctico, pues denominaba el ordenamiento de las tribus para el combate (Plácido Suárez, Domingo, 1986). Hay que concluir, por consiguiente, que la necesidad del orden no es algo que se impone al individuo desde el exterior, en una relación mecánica causa-efecto, sino que es creada por este desde su capacidad de representar e imaginar, en relación negociada con las significaciones colectivas que son admitidas en la comunidad.

Profundizando más en el problema del orden, los sociólogos del conocimiento (Berger, P. y Luckmann, T., 1968, pp. 39-40) admiten que todo ser humano nace en el seno de una vida cotidiana que es una realidad ordenada, por lo que cuando se habla de una realidad extrasubjetiva, se hace mención a una complejidad de interrelaciones formada por un tejido de ordenamientos, a saber: un orden espacial configurado por la disposición arquitectónica tanto de la ciudad, pueblo, vereda, barrio, como de la organización de la vivienda y de la ubicación de toda clase de cosas y enseres que en ella se encuentran. Un orden temporal que distribuye las horas de luz y sombra de acuerdo con las ocupaciones, profesión u oficio y el sentido del tiempo libre que se tenga, enmarcado todo dentro del proyecto ético de vida que los seres próximos tengan, es decir, el sentido que le den al horizonte de existencia, aquello por lo que vale la pena vivir y luchar. Un orden social que regula las relaciones de proximidad entre los individuos, las normas de comportamiento que se deben respetar para mantener la armonía y la convivencia. Un orden lingüístico, sintáctico, propio de la lengua común, gracias al cual se expresan los significados compartidos por la comunidad. Un orden instaurado por las creencias y prácticas religiosas o mítico-mágicas; uno político ideológico. Un orden jurídico y uno económico, determinado por el capital y las relaciones de intercambio que se dan en el interior de las formas cruzadas de producción-consumo y oferta-uso de servicios, especializados o no. Agréguense al listado los microordenamientos conceptuales, metodológicos y actitudinales especificados por las comunidades profesionales, las académicas y las de los científicos y tecnólogos.

La gran mayoría de estos ordenamientos, por no decir todos, se objetivan en las actuaciones y en las instituciones cuyas funciones son conservar y mantener el orden que les corresponde, a la vez que se espera que cada persona y la sociedad entera asuman en conciencia dicha misión. De hecho, dentro de una sociedad abierta, la función se extiende al terreno de las regulaciones de los cambios y transformaciones que se suscitan a medida que evolucionan los conceptos, nociones y categorías, en plan de evitar situaciones caóticas o traumáticas. En una sociedad cerrada, la posibilidad de esos movimientos se halla generalmente constreñida hasta el punto de impedir los despliegues creativos de sus integrantes.

Si bien el orden complejo referido no es algo natural, es tan real como cualquier objeto o fenómeno físico y biológico. Aun cuando no se perciba sensorialmente, no se vea ni se palpe, está allí, constituyendo un campo en el cual se halla inmerso todo ser humano, posibilitándole el espacio experimental para que se autoconstruya como persona en una relación crítico-dialéctica de tensiones existenciales holísticas; es decir, la experiencia sólo es factible dentro de ese campo, al mismo tiempo que es ella, pensada y realizada desde estructuras conceptuales, metodológicas y actitudinales, la que lo crea, lo expande y lo comprime colectivamente. Por fuera no hay nada. Ello es así —para seguir utilizando el símil de la física— porque de una u otra manera la experiencia "perturba", en mayor o menor grado, dicho campo, como también, por qué no, lo puede dejar tal como es.

Cabe aclarar, en cuanto a la sociedad cerrada, que no es que ella impida pensar la posibilidad de ser de otra manera en el mundo, con la necesidad de modificar un orden dado en este; lo que ella prohíbe es la praxis de una experiencia concomitante con ese pensar, inhibiendo caminos de autoconstrucción y fijando las fronteras del horizonte de sentido, dentro de las cuales se puede llegar a ser persona o simple integrante de esa sociedad. Incluso, se llega a veces a eliminar la comunicación de pensamientos e intereses, cortando de raíz la experiencia comunicativa y la objetivación social, indispensables para el desarrollo intelectual, para las reestructuraciones o reordenamientos interiores. En las sociedades abiertas, todas las experiencias éticas se encuentran permitidas. Las distintas configuraciones son las que generan las compresiones o las expansiones del campo global, empobreciéndolo o enriqueciéndolo.

Representada como una estructura, cabe pensarla como una organización rígida en la cual hay un orden particular que determina y subordina jerárquicamente a los otros, según un conjunto de relaciones significativas directas y cruzadas que tal jerarquización especifica. Por otra parte, se le puede imaginar elástica y variable, de tal manera que, dependiendo de los planteamientos experimentales de cada quien o de los grupos comunitarios, la supraordenación y la subordenación jerárquica viene dada por la situación que cada planteamiento conlleva. Esto es así en razón de que cada experiencia se realiza dentro de un ordenamiento específico y restringido. En todo caso, cualesquiera sean esas situaciones, y en especial en el último señalado, lo cierto es que cada tipo de ordenamiento penetra en los otros y ninguno de ellos puede existir sin esa relación recíproca autoconstitutiva, conformando ese conjunto holístico que es el mencionado campo. Por consiguiente, algo de capital importancia es que cualquier perturbación generada por una experiencia en un ordenamiento establecido, afecta de alguna manera a los otros, con mayor o menor intensidad.

Por razones históricas, entre otras la división social del trabajo que se instaura y fortalece con el ser humano como animal urbano, cada persona, tarde o temprano, se ve obligada necesariamente a ubicarse en un orden específico o, mejor, a construirse un microcampo dentro de la totalidad, como manera especializada de realizarse autoconstructivamente en función individual y social; es decir, se hace miembro de una comunidad de especialistas, académica o no, representando, conservando y regulando las transformaciones de ese ordenamiento particular. La conciencia de la ubicación y de las perturbaciones que sus experiencias producen, repercutiendo en otros puntos de la estructura, es propia de quienes se han elevado por encima de las limitaciones que su propio orden pueda imponerles. Ella ve su microcampo rodeado por esferas inmediatas y mediatas de órdenes, a la vez que las conexiones entre estas. Así no sólo es capaz de hacer predicciones de los resultados de sus actuaciones en el escenario que ha preparado para tal efecto, sino que se halla en condiciones de prever cómo afectarán estos los ordenamientos vecinos, aun cuando dicha predicción, mediata en la medida en que las esferas se alejen del escenario y los efectos sean interferidos por las intermediarias, se vea cada vez más afectada por el azar y entre a predominar la incontrolabilidad. Esto es así incluso si del mundo natural se trata, mucho más cuando esos ordenamientos específicos (las esferas) están representados por seres humanos.

Siguiendo los postulados constructivistas, de conformidad con los cuales los seres humanos elaboran representaciones (y la función superior del representar es el imaginar) que organizan en estructuras conceptuales, metodológicas y actitudinales con el fin de ordenarse a sí mismos y a la realidad extrasubjetiva para actuar en ella, se ve entonces la necesidad de desarrollar una teorización que discurra teniendo en cuenta tanto la anterior como la de la existencia del orden complejo dado por la última. Por ningún motivo resulta admisible pensar que, de manera mecánica, el orden exterior "fluye" a la interioridad subjetiva de cada individuo, haciéndola un reflejo especular del mismo. La hipótesis mejor ha de tener en cuenta las situaciones de carácter conflictivo (imposición-sometimiento) que se suceden, para postular más bien la necesidad de una serie de negociaciones, como límite ideal entre el orden individual y el extrasubjetivo, las cuales han de ser caracterizadas en cada caso. Generalmente, los conflictos no emergen en razón de que alguien *piense algo*, sino debido a las perturbaciones que sus actuaciones puedan generar: el choque se da entre formas diferentes y contradictorias de ordenamientos.

No obstante lo afirmado, puesto que esa realidad extrasubjetiva como orden complejo es la que crea el campo social, cultural, político y económico dentro del cual se dan las posibilidades experienciales, y con ellas las autoconstrucciones de los sujetos, impone a cada uno de ellos una impronta que los identifica como pertenecientes a ella, como individuos que nacieron, crecieron y se desarrollaron en su interior; esto es, de manera general, sufrieron sus socializaciones sucesivas y sus transformaciones conceptuales, metodológicas y actitudinales de conformidad con las oportunidades y limitaciones que el campo global les brindó. Es esta una acotación que debe ser introducida en cualquier discurso detallado sobre el constructivismo. Nadie construye y se autoconstruye a partir de la nada, pues hay un punto de partida, un basamento, y este es el orden complejo, la realidad extrasubjetiva en la cual cada quien se hace persona y organiza su proyecto de vida.

Siguiendo con esta referencia al problema en cuestión, en el ámbito de lo individual es pensable que el ordenamiento interior subjetivo que cada quien construye, sea además algo no estático ni rígido, por cuanto se modifica (como consecuencia de las experiencias) en principio, generando nuevos órdenes internos, a la vez que es el factor indispensable para las negociaciones (conceptuales, metodológicas y actitudinales) con el orden extrasubjetivo del medio comunitario, lo cual constituye también una experiencia. Tal conclusión posee implicaciones pedagógicas, ya que la institución educativa responde a un orden igualmente complejo; es ordenada para posibilitar un conjunto de experiencias dadas, desde unas conceptualizaciones admitidas y validadas socialmente, siguiendo un determinado proyecto político.

Las anotaciones anteriores introducen el componente social, la característica del animal humano como un ente de tal naturaleza, que vive en grupos mediados por relaciones abstractas y materiales de intercambio. El compartir experiencias con los miembros de la comunidad es un hecho válido, tanto para las tribus y clanes como para los seres humanos de las sociedades abiertas, dentro de las cuales se acude a otros en forma directa o de manera indirecta a través de las bibliotecas; una actuación que supone la lectura sistemática de los códigos propios del metalenguaje de la especialización de que se trate.

Añádase a lo ya expresado, el indiscutible hecho de que el ser humano es el único en condiciones de construir herramientas para fabricar instrumentos. Y no podría tener tal condición otro origen que su poder imaginativo para simular programas autónomos de actuación metodológica, a partir de la elaboración de estructuras para las cosas y sus relaciones. Y esa condición, como todas las demás, se desarrolla y perfecciona con las transformaciones intelectuales que experimenta, esto es, con la evolución y cambios que produce en sus sistemas conceptuales y metodológicos. La historia sugiere al respecto un proceso que ha ido de lo empírico a la tecnología, pasando por la etapa técnico-artesanal (Gallego-Badillo, R., 1989), en un creciente y eficaz dominio y control instrumental del ordenamiento hecho a la realidad exterior.

Los instrumentos no se limitan en forma exclusiva a las herramientas artesanales, a los aparatos mecánicos y electromecánicos y a los estructurados con base en servomecanismos. La propuesta es extensible también al mismo lenguaje articulado o a cualquier otra elaboración que se utilice con propósitos de intervención, control y dominio, sobre todo en los órdenes sociales y psicológicos. En este contexto, son instrumentos, además, los discursos ideológicos, religiosos y políticos, al igual que los preceptos éticos y morales. No se escapan de tal consideración los cuerpos conceptuales de las ciencias, aun cuando se acepte, en gracia de discusión, que a los seres humanos les agrada crear teorías sobre el mundo, por el simple placer de ocuparse en tal actividad, por mera e innata curiosidad, como sostendría cualquier aristotélico.

Aquí cabe una crítica a los habermasianos, quienes no desean saber nada de aquello que se refiera a la racionalidad instrumental (los habermasianos ingenuos), y postulan y propenden por un mundo idílico en el cual los individuos no posean ninguna inten-

cionalidad de dominio y control sobre su entorno social, cultural
y económico, sino que todo sea acción comunicativa sin ningún
interés. Para ellos, el dominio de la lengua materna, por ejemplo,
como vehículo indispensable para la participación en el intercambio de representaciones (negociación conceptual), ha de constituirse en un conflicto filosófico de grandes proporciones.
Siguiéndoles, habrá igualmente que abandonar la clasificación de
plantas y animales, pues esta sería un mero acto instrumental con
pretensiones de poder y dominio sobre dichos seres.

Polivalencia de las representaciones

Si la subjetividad se objetiva con las actuaciones y la organización de los escenarios adecuados, con miras a obtener los
objetivos que se esperan, cumpliendo propósitos analíticos y haciendo aislamientos extremos, las actuaciones pueden ser clasifi-
cadas tomando como base la intencionalidad principal que las
orienta. Es esta una empresa que permitirá enlistar todas las
actividades humanas o, mejor, realizar una taxonomía de las
mismas. En consecuencia, desde una "mirada gruesa", se pudieran establecer las actuaciones científicas, tecnológicas, técnicas,
pedagógicas, afectivas, políticas, religiosas, éticas, morales, estéticas, etc. Cada una de ellas tendría su escenario correspondiente
y partiría de una representación estructurada en un marco conceptual y metodológico.

Antes de seguir adelante, se impone traer a discusión, de manera
breve, aquello que se desea significar con el vocablo "representación", alrededor del cual ha habido siempre polémica. Para tal
efecto, vale la pena citar a (Toulmin, S., 1977), quien presenta en
forma suscinta la discusión que desde Kant se ha dado. En efecto,
el filósofo alemán argüía que toda la experiencia humana concier-
ne a "representaciones" y no a las "cosas en sí mismas". Kant
empleó para referirse a las representaciones el término

"Vorstellung", el cual acabó, entre sus seguidores, por aludir a las "ideas" que surgen como consecuencia de "impresiones" repetidas; de ahí que llegó a ser asimilado a "representaciones sensoriales", privadas o personales. Esto desencadenó el surgimiento de las corrientes idealista y sensorialista.

Toulmin sustituye "Vorstellung" por "Darstellung", expresión que tiene connotación de "representación" escénica o teatral, eminentemente pública, con lo cual pretende encontrarse con Kant en lo que se refiere al papel de los conceptos en la expresión de los juicios colectivos y el conocimiento comunal. Así, representar un fenómeno es *mostrarlo* o *desplegarlo* públicamente. Una "Vorstellung" está en lugar de algo o simboliza algo en la mente de un individuo, mientras que la relación entre una "Darstellung" y la realidad que despliega o representa, es una relación entre dos entidades públicas.

Por tanto, la representación referida a "Darstellung", afirma Toulmin, tiene como elemento fundamental unas "técnicas de representación" dentro del uso colectivo de los conceptos científicos. Incorporarlos a la estructura conceptual no es, por tanto, memorizar los vocablos, repetir las palabras, sino aprender a representar con ellos lo que la comunidad quiere significar, según unas técnicas que para tal efecto ella ha elaborado. La representación en el sentido de "Vorstellung" es el uso de un *programa mental*, sobre el cual reposa la comprensión individual, al que se llega por internalización del correspondiente *modo de representación* comunitaria o "Darstellung". Con esta posición, el autor se coloca al lado de quienes creen en el internalismo, dando paso al endurecimiento de dicha concepción. El individuo es copia de la comunidad a la cual pertenece o es programado por ésta, en forma análoga a como se hace con un computador. Entre el blanco o el negro del colectivismo-individualismo, tal parece que Toulmin opta por el primero, suprimiendo de paso al individuo creador dentro de las interactuaciones comunitarias. Su darwinismo militante lo conduce a *representarse* las colectividades humanas a semejanza de las colmenas, en las que las diferencias individuales (psicológicas) prácticamente no existen.

En estas anotaciones se asume una tercera manera de mirar el problema que no cae en ninguno de los extremos. Ella afirma que tanto el individuo como la comunidad son autoconstitutivos, en una relación dialéctica de mutua dependencia sin la cual ninguno de los dos está en condiciones de existir por sí solo; por consiguiente, deberá hablarse de una inter-autoconstitución. Por eso, se han admitido las estructuras conceptuales y metodológicas elaboradas por cada persona y, también, aquellas que circulan en el colectivo, como especie de superestructura, a la manera marxiana, las cuales constituyen el escenario intelectual dentro del cual las individuales buscan su objetivación. Como ya se ha expresado, dicha objetivación se obtiene mediante la interactuación, en la que se dan las transacciones conceptuales y donde los "negociantes" sacan a relucir su aval de resultados exitosos en la materia.

Lo explicitado da pie para concluir, por un lado, que todo individuo existe en comunidad sosteniendo una dinámica de contradicciones permanentes entre concordancias y diferencias, entre sus estructuras conceptuales y metodológicas propias y las que circulan en el colectivo, como también con las de los otros. Es algo que se manifiesta cuando ocurre la adopción crítica de la lengua materna y con el uso significativo que cada persona hace de las palabras al componer sus proposiciones o emitir sus juicios. Es debido a tal hecho que siempre se dan las divergencias, incluso en las situaciones más comunes, cuando la toma de decisiones se funda en la participación autónoma y cada individuo puede expresar libremente sus ideas e interpretaciones.

Cada persona construye sus "Vorstellungen" y sus "Darstellungen" en las complementaciones de ese todo que se recoge en la expresión "estructuras conceptuales y metodológicas", que determinan las actuaciones de todo género que ejecutan. Y es preciso señalar que una de las cualidades del ser humano es justamente la de ser un animal que actúa intencionalmente (Magoon, A.J., 1977). Pero he aquí que, si esas estructuras son subjetivas, pertenecen a la interioridad, lo metodológico implicaría lo actitudinal, tomando actitud en el sentido psicológico de esquemas mentales preparativos de las actuaciones. Incluiría igualmente los patrones lógicos de pensamiento. Así pues, antes de que un comportamiento inteligente se ejecute públicamente, ha sido *algoritmizado* antes en la interioridad del individuo.

Ahora bien, cuando una actuación es de alguien para alguien, esto es, una interactuación, entonces aparece la necesidad de acudir a las técnicas colectivas de representación ("Darstellung"). En principio, esta tarea no parece acarrear dificultades mayores, puesto que en el proceso de socialización el individuo ha adoptado críticamente algunas de las representaciones colectivas ("Darstellungen"), y frente al conjunto de ellas ha elaborado concordancias y divergencias, puesto que ha construido también sus técnicas de representación. Por consiguiente, hay igualmente en esto un juego dialéctico entre las "Darstellungen" individuales y las colectivas.

No se desconoce que la educación natural y la institucional, dentro del paradigma que ha sido identificado como transmisionismo-repeticionista, poseen como meta la imposición de esas técnicas de representación del colectivo y de las propias de las comunidades de especialistas, siguiendo el viejo afán medieval de conservar y transmitir la cultura. Se trata de una reproducción acrítica que tiende a uniformar mentalmente a todos los educandos, a convertirlos en máquinas que sigan mecánicamente los algoritmos del pensamiento y la actuación que la "sociedad tribal" ha venido repitiendo desde el pasado.

La formación de una taxonomía acerca de las actuaciones constituye una actitud que lleva a organizar un sistema de clasificaciones para ellas. Si se introduce por analogía de Linneo, el trabajo consistiría en definir unas categorías, tantas cuanto fueran necesarias, cada una de las cuales sería una partición matemática del conjunto de todas las actuaciones. Cada actuación en particular sería miembro de un taxón de cada una de esas categorías definidas (Mosterín, J., 1984). Por consiguiente, toda interactuación, sea cual ella fuere, tiene que ser comunicativa, pedagógica, didáctica. Y, por qué no, ética, moral, estética, política, afectiva, etc. Por tanto, no existirían actuaciones puras o sostenerlo sería un desconocimiento garrafal.

Si, como se ha sostenido, las actuaciones proceden de las estructuras conceptuales y metodológicas, y éstas son producto de las representaciones creadas por el individuo o adoptadas críticamente en el proceso de socialización ("Vorstellungen"-"Darstellungen"), dentro de la dialéctica autoconstitutiva individuo-comunidad puede esperarse, en el caso de que la taxonomía de las actuaciones sea admisible, que todas las representaciones tengan un carácter polivalente, es decir, que comprendan lo racional, lo afectivo, lo ético, lo estético, lo político, etc., aun cuando domine, para un escenario dado, una o un par de ellas. La cualidad de la polivalencia permite sostener explicativamente la no existencia pura de las representaciones, sino en forma de conjunto y en un todo holístico estructural.

La conexión necesaria entre actuaciones y representaciones no es nueva en el pensamiento occidental. Fichte sostenía que para el idealismo la inteligencia era un actuar y nada más, y ese actuar ocurría en virtud de su propia esencia, de tal forma que sólo podía actuar de un cierto modo. De ese actuar de la inteligencia debían ser deducidas determinadas representaciones, las cuales se presentaban de un modo conocido en la conciencia, por lo que ellas eran propias de un mundo material situado en el espacio e independiente de la intervención humana. Si así fuera, critica Fichte, no se explicarían sino las propiedades y las relaciones de la cosa en términos de su situación en el espacio, de su exteriorización en el tiempo, refiriendo sus accidentes a algo sustancial. Por el contrario, desde un idealismo crítico, o trascendental, la cosa surgía por un actuar de la inteligencia siguiendo las leyes que ella se daba a sí misma en el curso de su actuar, por lo que la cosa no era más que todas esas relaciones unificadas por la imaginación y, a la vez, todas esas relaciones juntas eran la cosa. Agregaba que la función legislativa, fundada en la esencia de la inteligencia, tenía lugar por medio de un más alto y necesario actuar o representar. En la conciencia no existía meramente la necesidad de las representaciones, sino también la libertad de estas, y tal libertad, a su vez, procedía de conformidad con dicha función legislativa. La conciencia sólo podía pensarse como activa de este modo. Ella no sentía una impresión de fuera, sino que encontraba en semejante actuar los límites de su propia esencia (Fichte, J.G., 1984).

Insistiendo en que la función superior del representar es el imaginar, que las representaciones no le son dadas a la inteligencia, sino que ella debe construirlas y que en esta actuación emerge la conciencia del Yo que representa y sabe el cómo de su representar en ejercicio de su libertad, cabe reiterar lo dicho en relación con el campo de posibilidades experienciales que suministra el orden complejo de la realidad extrasubjetiva, en la cual ha de ubicarse necesariamente cada persona, con el fin de desplegar todas las actuaciones factibles. Se colige, por tanto, que ese espacio de ordenamientos interconectados dinámicamente, en el cual se sucede la autoconstrucción del sujeto, incluso en la reducción del microcampo de que se trate, es constituido por él como contexto de sus representaciones-actuaciones, ya que es ahí en donde se encuentra a sí mismo al vislumbrar la organización de su proyecto de vida. Ese contexto, para que se comporte como tal, tiene que ser circunscrito, esto es, delimitado y reelaborado como escenario de una experiencia necesaria de realización, en el que los elementos se ponen en interconexiones postuladas con miras a que respondan de conformidad con el orden que ha sido pensado.

En el escenario configurado, cada representación no puede ser elaborada por la inteligencia de manera aislada, por la sencilla razón de que el ordenamiento, por principio, implica un conjunto estructurado de elementos. Una cosa, como algo que está allí en la realidad extrasubjetiva, no es nada para el sujeto. Comienza a ser algo en el momento en que es introducida dentro del campo de las posibilidades experienciales; acto en este es pensada y colocada en las múltiples relaciones que la inteligencia le confiere, en las relaciones que tiene con otras, con las cuales es representada, en la medida en que las otras son también representaciones necesarias para constituir el escenario propicio de la experiencia. Por consiguiente, toda representación, en cuanto lo es en el seno de un ordenamiento para una actuación con arreglo a un fin, se elabora —y requiere de ello— con otras representaciones dentro de un contexto, por lo que se haya conectada con aquellas a través de una serie de interrelaciones dadas por el proyecto experiencial que el sujeto libremente se ha dado. Esta razón hace indispensable acudir a la idea de valencia de las representaciones, adjudicándole una multiplicidad de ellas, sin que tal adjudicación suponga que dicha valencia, como en el caso de los átomos, sean algo fijo, de tal manera que sólo sean factibles un número fijo y dado de interconexiones.

Las representaciones son organizadas por el sujeto en estructuras conceptuales, metodológicas y actitudinales. En tales estructuras, las representaciones se encuentran relacionadas significativamente unas con otras configurando una totalidad holística. Por lo tanto, se habla de una pluralidad de estructuras, queriendo significar que un mismo conjunto de representaciones no da origen a una única y sola configuración; es decir, que el campo experiencial puede ser ordenado de diferentes maneras, según el despliegue imaginativo del sujeto. Las valencias de las representaciones dependen de la clase de organización que la inteligencia requiera, siguiendo las leyes que ella se da a sí misma en el curso de su actuar. Esta libertad aparece con mayor fuerza cuando se sueña y la desconexión de la realidad extrasubjetiva permite composiciones representacionales sin las exigencias que la vigilia impone (Morin, E., 1974).

La pregunta que al respecto surge es aquella que indaga por la validez o aceptabilidad que se le debe dar a las distintas estructuras conceptuales, metodológicas y actitudinales que son dables organizar a partir de un conjunto específico de representaciones. La respuesta habrá que buscarla en los resultados obtenidos a partir de los diferentes campos experienciales que cada una de ellas permite organizar, como también en la misma factibilidad del ordenamiento del escenario que requieren para que las actuaciones que se necesitan sean realizables. Este ejercicio de la inteligencia descarta unas estructuraciones y se queda con otras, llegándose incluso a fijar una sola, la cual, siendo la más exitosa, puede llegar a constituirse como la única manera del pensar y del actuar, tornándose rígida y dogmática. De esta forma aparece, una habituación originada por la repetición.

Es interesante considerar el papel que tiene la pareja contexto de representaciones-representaciones en la evocación. No resulta demasiado arriesgado suponer que las representaciones evocan su contexto, a la vez que este último evoca las primeras. El cuadro completo aparece con mayor facilidad en la actualidad-presente del individuo, cuando él (y esto parecerá una perogrullada) ha sido el constructor activo del par necesario contexto-representaciones, una construcción de carácter histórico en cuanto no ha procedido de forma instantánea, de súbito, sino paso a paso, desde lo simple a lo complejo. De hecho —para reiterarlo— la organización de las representaciones determina el contexto, el cual, dado su carácter de representación, se convierte en nicho y frontera de las mismas. La facilidad del acto evocativo se aumenta si se tiene en cuenta que: a) diferentes configuraciones de las representaciones conllevan la delimitación de un número equivalente de contextos; b) las valencias de aquellas dependen de la imaginación y actuación configurante del intelecto; c) los contextos así determinados pueden interrelacionarse con los de otros y sus representaciones respectivas, ya sea que esas interconexiones evocativas posibles sean directas o remotas, próximas o mediatas, disminuyéndose hasta la extinción esa facilidad con la distancia, y d) puesto que tanto el contexto como las representaciones son etiquetados con vocablos (representaciones de representaciones) y, estos son polisémicos, las palabras y las proposiciones comunicadas y decodificadas (lectura sistemática) remiten o pueden evocar una de las tantas configuraciones a las cuales se ha hecho referencia o solamente a la que dogmáticamente se ha fijado. Recuérdese que las estructuras conceptuales, metodológicas y actitudinales se expresan en proposiciones, y que un conjunto de ellas, coordinadas en forma lógica y con sentido, constituyen una teoría o un cuerpo conceptual, metodológico y actitudinal.

Núcleo duro y cinturón protector

Frente a la pregunta de por qué los seres humanos mantienen, modifican o abandonan sus estructuras conceptuales y metodológicas, sustituyéndolas por otras, una aproximación a la respuesta podría darse acudiendo a la idea de I. Lakatos de "centros firmes" y "cinturones protectores" (Lakatos, I., 1983). El autor ilustra su concepción de *centro firme* poniendo como ejemplo las tres leyes de la dinámica de Newton y su ley de la gravitación universal. Define que un *cinturón protector* es un conjunto de hipótesis auxiliares *observacionales* que se formulan para defender el "centro firme", este recibe todos los impactos de las pruebas y contrastaciones. Las anomalías sólo originan cambios en el *cinturón* y en las condiciones iniciales que se establezcan. Incluso, el *cinturón* puede ser sustituido completamente sin que se modifique el *centro firme*.

Otro concepto importante dentro de la epistemología lakatosiana es el de heurística. Un programa de investigación científica posee una heurística positiva si tiene una serie de reglas para sacar consecuencias y dar explicaciones del conjunto de enunciados que se manejan sobre la estructura y el funcionamiento del mundo. Además, esas reglas dicen cómo introducir nuevas suposiciones que sean aplicables a campos nuevos y cómo modificarlas cuando surjan situaciones problemáticas (Worrall, J., 1982). La heurística negativa es aquella que prohíbe los ataques contra el centro firme. Por otra parte, todo hecho que sea explicado por una teoría y que no haya sido utilizado por la construcción de ésta, constituye un apoyo para esa teoría. En síntesis, la propuesta de Lakatos dice que es más fácil idear una explicación para una anomalía, con el fin de conservar el centro firme, que idear un programa de investigación científica radicalmente nuevo. Nadie debe dirigir su batería contra el centro, a no ser que quiera crear un nuevo programa (Musgrave, A., 1982).

Una salvedad es indispensable. Si se desea extender las ideas de Lakatos a una teoría general del conocimiento, en la cual se de cuenta de los procesos cognoscitivos del ser humano común y corriente, es necesario dejar a un lado la suposición de que este vive en un "realismo ingenuo", en una realidad hecha tal cual como aparece ante los sentidos, cuyas propiedades son las mismas de las cosas del mundo exterior. Aun cuando esas personas no científicas ni filósofas crean que su interioridad es una copia exacta de ese mundo en el que viven, se sabe que esto no es así si se admite la subjetividad de las percepciones sensoriales (Albert, H., 1982). Existen según una serie de suposiciones y conjeturas que les funcionan relativamente y acomodan sus comportamientos siguiéndolas, más o menos, en forma estricta.

En cuanto a los científicos se refiere, lo más plausible es que no trabajan siguiendo de manera completa y al "pie de la letra" metodologías perfectamente articuladas, como lo suponen la mayoría de los epistemólogos, sino que, en situaciones concretas, aplican principios metodológicos intuitivos que los capacita para hacer elecciones cruciales y construir hipótesis significativas (Zahar, E., 1982). Las teorías científicas, si bien poseen sistemas metodológicos de mayor productividad y efectividad, tampoco pueden ser consideradas como absolutamente verdaderas respecto a la estructura y funcionamiento del mundo.

Si el universo interior de cada persona común y corriente es construido por ellas con base en las representaciones que elaboran de su entorno social y natural, representaciones que podrían clasificarse como propias del saber común y cotidiano, entonces carece de sentido sostener que están en relación uno-a-uno con las cosas y acontecimientos del mundo exterior. La afirmación es verificable cuando una actuación con respecto a un fin, preparada desde esas representaciones del saber común y cotidiano, no produce los resultados esperados; esas personas atribuyen el hecho a muchas causas, entre las cuales la "mala suerte" aparece con cierta frecuencia. Y es así, aun cuando las ideas cotidianas sean menos conjeturales que las científicas y filosóficas.

Acéptese entonces como propuesta que toda persona posee un *núcleo duro,* configurado por la serie de suposiciones y creencias (científicas o no) básicas sobre la constitución y funcionamiento de los individuos, la sociedad y la naturaleza. Esas suposiciones y creencias se encuentran en la raíz de su estructura conceptual y metodológica, la cual es polivalente en lo relacionado con la racionalidad, la afectividad, la esteticidad, la eticidad, la politicidad, la religiosidad, la sexualidad y la creatividad. Tanto el *núcleo duro* como la organización de sus componentes son construcciones individuales en relación dialéctica con las representaciones y técnicas de representación, la superestructura

44

sociocultural, que circulan y son aceptadas en la comunidad por la cual pertenecen (Giroux, H., 1983).

El *cinturón protector* lo conformaría el proyecto de vida o de realización humana que cada quien construye, en concordancia con las posibilidades que su medio natural y social ofrece y los horizontes existenciales que la comunidad considere válidos y dignos. Al *cinturón protector* serían incorporadas críticamente muchas de las representaciones y técnicas de representación de aquella comunidad de especialistas (académica o no) dentro de la cual se ejerza ese proyecto de vida. El éxito relativo estaría en las innovaciones o construcciones nuevas que la persona haga, en la vía de una competencia de alta calidad. De la misma manera, pertenecerían al *cinturón protector* los intereses, las motivaciones y las actitudes concomitantes y necesarias para la praxis de ese proyecto de vida. Desde allí se prepararían las actuaciones (comportamientos observables) afectivas, científicas, tecnológicas, técnicas, religiosas, políticas, comunicativas, etc.

En una relación dialéctica de dobles implicaciones, el proyecto de vida (cinturón protector) se elaboraría desde el núcleo duro (creencias y suposiciones básicas más estructura conceptual y metodológica), el cual recibiría todos los impactos del actuar en el mundo, por lo que el núcleo duro tendría entonces una doble protección. En efecto, si cada actuación particular en un escenario adecuado implica un libreto específico, según las intencionalidades, los intereses y las motivaciones que la impulsan, como también unas actitudes (unos esquemas metodológicos) considerados los más adecuados para obtener aquello que se pretende, por consiguiente, cuando no se alcanzan los resultados que se esperaban, la persona, luego de un análisis, modificará el escenario, revisará los esquemas metodológicos y hasta las mismas intencionalidades, sin que ello implique cambiar el proyecto de vida. Además, piénsese que este debe comprender varias posibilidades de actuación, por lo que el fracaso en una no significa que todo el proyecto sea errado.

No obstante, los resultados de todas las actuaciones ensayadas dentro de un proyecto de vida cualquiera inciden significativamente en ese gran libreto, afianzándolo, rectificándolo (haciéndolo más adecuado) o cambiándolo. Si la heurística negativa funciona, sólo en casos de resultados *catastróficos* se entraría a revisar el núcleo duro, produciéndose una transformación radical en la persona, pues salta a otras creencias y suposiciones básicas y, por tanto, a otra estructura conceptual y metodológica; algo que no sucede con mucha frecuencia. Los individuos poseen la tendencia a construir explicaciones justificatorias de sus fracasos, antes de entrar a transformar sus núcleos duros e, incluso, su proyecto de vida. Quizás sea esta la razón por la cual los estudiantes universitarios no abandonen con facilidad sus *preconcepciones*, a pesar de las explicaciones científicas de sus profesores y la repetición de los cursos (Viennot, L., 1976).

Una alternativa no lineal imbricaría, en el mismo nivel y con los mismos pesos significativos al núcleo duro y al cinturón protector y las actuaciones, todos conectados de manera dialéctica. En este caso, los resultados obtenidos por una persona en sus actuaciones tocarían a la vez el libreto desde donde fueron preparadas y la estructura conceptual y metodológica, sin afectar el conjunto de suposiciones y creencias básicas, generando las consecuentes transformaciones. Sin embargo y en cuanto a la heurística negativa se refiere, ella influiría para que esas modificaciones fueran mínimas y no produjeran trastornos; sólo una larga cadena de resultados no exitosos produciría cambios notorios. En general, y para reiterarlo, las personas tienden a conservar sus estructuras conceptuales y metodológicas, con sus nichos de creencias y suposiciones básicas acerca de la estructura y el funcionamiento de los individuos, la sociedad y la naturaleza.

Si se atiende a la relativa racionalidad (algoritmos de pensamiento y actuación) de los humanos, en el sentido de que los individuos no se proponen sino aquello que están en posibilidad de realizar, esas empresas en las cuales vislumbran significativas probabilidades de éxito, cualquiera sea este, los fracasos o errores son reducidos al máximo. Si estos se cometen, cuando no son prominentes, quedan absorbidos por la mayoría de resultados positivos, los cuales son tomados como base para elaborar explicaciones, justificaciones y afianzamientos. A la vez, el cúmulo de éxitos relativos se convierte en patrón o recurso de análisis para encontrar las razones metodológicas de las equivocaciones que se presenten. Son raras y contadas las personas que viven de fracaso en fracaso. Los únicos que nunca se equivocan son los profesores, ya que tienen a la mano el fácil recurso de que quienes lo hacen son sus alumnos y han desarrollado una confianza firme en sus creencias y suposiciones básicas sobre la enseñanza, el aprendizaje y las metodologías correspondientes (Piaget, J., 1981; Bachelard, G., 1978).

Agréguesele a la tendencia de no entrar a rectificar el núcleo duro el peso sustentador que nace de la cultura y de las tradiciones sociales. Es sabido que nadie reinventa el mundo cuando nace ni produce transformaciones radicales a lo largo de su vida. Sus estructuras conceptuales y metodológicas, así como el nicho sus de creencias y suposiciones, los construye a partir de la dinámica de las concordancias y diferencias, por lo que su núcleo duro se haya enraizado justamente en su medio sociocultural. Por tanto, las tradiciones se constituyen en especie de "obstáculos epistemológicos", para utilizar la categoría bachelardiana (Bachelard, G., 1978), dado que, en última instancia, la comunidad es la que aprueba y sostiene las reglas de juego y le da validez y aceptación a los paradigmas (Kuhn, T.S., 1971).

A lo largo de la presente discusión se ha venido hablando preferencialmente de los adultos, es decir, de quienes han alcanzado un nivel de madurez y han organizado una estructura conceptual y metodológica más o menos estables, con un nicho de creencias y suposiciones consolidado, dentro de un mundo de relaciones en el cual llevan una vida a la que se han adaptado o no quieren salir de ella por múltiples razones. Con los niños y adolescentes sucede lo contrario, en ellos las transformaciones se suceden con mayor celeridad y cambian, con frecuencia, de pareceres, de suposiciones y de creencias. Eso hace que estas edades sean las de mayor educabilidad, si se entiende ella en términos de autotransformaciones intelectuales, reorganización y modificación del núcleo duro, el cinturón protector y las actuaciones o comportamientos inteligentes.

Nociones, categorías y conceptos

Los sustantivos y los verbos del lenguaje articulado tienen connotaciones y funciones epistemológicas, de conformidad con el tipo de proposiciones en el cual estén implicados y el espacio del mundo sobre el cual se discurra. Reflejan, por tanto, de manera parcial, la estructura conceptual y metodológica, así como el nicho de creencias y suposiciones elaboradas sobre lo individual, lo social y lo natural. De esta manera, el lenguaje es una *representación de las representaciones* ("Vorstellungen"- "Dartellungen"), a partir del cual se pueden hacer algunas inferencias probables sobre la interioridad de las personas, respecto al espacio del mundo del cual hablan. Serán nociones, categorías y conceptos, los cuales no son atributos de las cosas y los acontecimientos, sino formas de referirse a ellos, aquello que quieren decir, significar, cuando componen ideas utilizando sustantivos y verbos.

Las nociones son propias de los discursos ideológicos, políticos, religiosos y míticos. Evocan imágenes de la realidad cotidiana, del mundo común y corriente del que todos participan. Al ser una clase de representaciones, poseen también unas técnicas de representación, a la vez que comportamientos que les son específicos, como es el caso de los rituales. Las nociones son elaboradas con base en las primeras representaciones colectivas que circulan sobre la naturaleza del ser humano y del universo y le atribuyen a las cosas y a los acontecimientos cualidades análogas a las de las personas; en otros casos, usan el dominio de lo humano como metáfora para explicar y comprender espacios de la realidad que, de otra manera, carecerían de una interpretación admisible, para la intervención y el dominio.

Si los discursos académicos de la filosofía, las ciencias experimentales y las tecnologías, por ejemplo, parten de una delimitación precisa de sus objetos de conocimiento y explicación, por esa razón no pueden dar cuenta del mundo en su totalidad compleja; dejan por fuera espacios vivenciales importantes que las ideologías o discursos nocionales entran a cubrir, suministrando explicaciones y patrones de comportamiento frente a esos espacios que los académicos no consideran. En realidad, el proceso ha sido todo lo contrario: las ciencias y las filosofías han colonizado parte de un territorio que ha sido de dominio de la religión y de los mitos. Por otra parte, si los conceptos y las categorías son polivalentes, los discursos académicos cuentan con estructuras ideológicas que los soportan, por lo que sostenerse de las ideologías no es más que mera propaganda política, esto es, ideología.

La característica de ser las nociones antropocéntricas y animistas permite la elaboración de imágenes pictóricas, antropomórficas o zoomórficas, las cuales atrapan significativamente las representaciones subjetivas existentes detrás de ellas. Esto conduce a pensar en un grado de abstracción cuyo esfuerzo intelectual parece no poseer la complejidad de otras construcciones del intelecto humano. Lo anterior no deprecia o desvaloriza los discursos ideológicos y sus nociones. Ellos son otra manera válida de mirar el mundo. El desprecio platónico por la doxa no es más que una posición aristocrática.

Las categorías, elementos estructurales de las filosofías, son eminentemente abstractas y, como elaboraciones, constituyen significaciones distintas dadas a los vocablos del lenguaje del saber común y cotidiano. Quizá radique aquí uno de los poderes que poseen para efectos de la colonización del territorio que dominan las ideologías, introduciendo técnicas de representación totalmente distintas. Esa innovación significativa obedece, además, a una problematización del saber que se sabe y, por tanto, es producto de un proceso de conocimiento que profundiza en las afirmaciones primeras, en las proposiciones y juicios sobre el carácter del ser humano, la sociedad y la naturaleza, así como acerca de las interrelaciones de ellos entre sí, que presentan una evidencia sospechosa.

El carácter de ser construcciones de gran abstracción, las hace elementos teóricos que una representación pictórica o escultórica no agota significativamente; antes, por el contrario, como sostienen los especialistas, las empobrece. ¿Quién podría hacerlo con la idea del ser? Dar cuenta de una categoría filosófica, de manera rigurosa, implica desarrollar un discurso coherente de muchas páginas, una conceptualización que trasciende a una definición, ya que la respuesta, por ejemplo, a *qué es*, remite a una complejidad intelectual imposible de resumir en unas pocas líneas.

En el mundo de las comunidades académicas, los significados están en permanente revisión y controversia, y la crítica y el examen de los fundamentos constituye su ejercicio identificativo. Es una forma de vida conceptual y metodológica que toca la problemática de la profundidad y la certeza, las cuales en estricto sentido filosófico, caminan en direcciones opuestas. Esta es otra característica que separa a las filosofías de las ideologías porque en el intento de ir más allá de lo evidente, el filósofo hace más conjetural sus proposiciones, para utilizar la idea popperiana (Watkins, J., 1982), y desvanece el poder de señalar, con ejemplos cotidianos, las cosas y los acontecimientos del mundo. Las estructuras categoriales son profundas, pero, en la misma medida, son inciertas o, mejor, probabilísticas.

Los conceptos son los elementos estructurales de las ciencias, siendo los métricos, magnitudes o conceptos cuantitativos que se construyen y usan en las ciencias experimentales y en las tecnologías. Así como es posible hablar de nociones políticas, religiosas y del saber cotidiano, también es factible una taxonomía de los conceptos científicos (Mosterín, J., 1978), según una clasificación fundada tanto en la lógica matemática como en las cualidades empíricas que designan, en las técnicas de representación que les son inherentes y en las operaciones cognitivas que conllevan. Los conceptos pueden clasificarse en: cualitativos o clasificatorios, comparativos y métricos.

(Toulmin, S., 1977), para hacer justicia a la complejidad de los conceptos científicos, distingue tres aspectos en el uso de ellos por parte de las comunidades de especialistas: 1) el lenguaje; 2) las técnicas de representación, y, 3) los procedimientos de aplicación. Los dos primeros comprenden los componentes *simbólicos* de la explicación científica, mientras que el tercero, hace referencia al reconocimiento de situaciones en las cuales son apropiadas esas actividades simbólicas. El aspecto lingüístico incluye los sustantivos (los términos técnicos o nombres de los conceptos) y, también, las oraciones o proposiciones (leyes o generalizaciones). Las técnicas de representación, los variados procedimientos mediante los cuales los científicos demuestran las relaciones que disciernen entre objetos, sucesos y fenómenos naturales; por consiguiente, no sólo comprende el uso del formalismo matemático, sino, igualmente, la confección de gráficas y diagramas, modelos, árboles taxonómicos, etc. En todos estos aspectos, la aptitud para "aplicar" los conceptos no es sólo una aptitud lingüística, ni siquiera del dominio de las técnicas de representación; supone la aptitud para someter a prueba y delinear las fronteras del "ámbito" o "rango de aplicación", dentro del cual esos símbolos y técnicas de representación tienen genuina relevancia empírica. En síntesis, un concepto científico no es sólo un nombre, una definición y una fórmula matemática para aplicar sin ninguna consideración. Además, parece claro que Toulmin se centra únicamente en los conceptos métricos o magnitudes.

Heisemberg W. (1979), historiando el desarrollo de la mecánica cuántica, introduce apuntes sobre la naturaleza de los conceptos científicos. Rechaza la idea de que la ciencia es empírica y deriva sus conceptos y relaciones matemáticas de los datos empíricos. Dice que si esa fuese toda la verdad, al crearse un campo nuevo no se podrían introducir otras magnitudes que las que cupiera observar directamente, y se tendría que formular las leyes de la naturaleza con la sola ayuda de dichas magnitudes. Por eso, el primer requisito para comprender los fenómenos es formular lo conceptos adecuados, pues sin la ayuda de ellos no se puede saber qué es lo que se observa o es factible observar. Cuando se habla en las investigaciones de los fenómenos que se desea investigar, se utiliza un lenguaje, palabras, y esas palabras son las expresiones verbales de los conceptos. En los comienzos de toda investigación, es inevitable relacionar las palabras con los conceptos antiguos, ya que los nuevos aún no han sido elaborados. Los conceptos tradicionales conforman la manera con la cual se piensan los problemas y se confeccionan las preguntas. La historia de las ciencias no es sólo la de los descubrimientos y observaciones, sino también una historia de los conceptos.

En forma general, es indispensable dejar sentado que, así como las nociones y categorías, dadas sus polivalencias, no existen de manera aislada, sino imbricadas con otras, configurando sistemas descriptivos y/o explicativos, igual ocurre con los conceptos, por lo que concebirlos por separado es un ejercicio estéril que oculta la complejidad y la dinámica de la racionalidad constructivista del intelecto humano. Pero no basta hacer referencia sólo a los sistemas propios; es necesario aludir en cada caso al conjunto de

52

suposiciones y creencias básicas sobre la estructura y funcionamiento de mundo; también hay que hacer referencia al *marco cultural*, esto es, al conjunto de las relaciones y de los valores ideológicos de la formación social en la que se inscriben. Sólo mediante un artificio podría una ciencia ser aislada de ese marco cultural (Canguilhem, G., 1971).

Jesús Mosterín (1978), sostiene que para crear un concepto clasificatorio (insecto, mamífero, etc.) es indispensable elaborar un sistema de clasificación que satisfaga ciertas condiciones materiales de adecuación en el sector de que se trate. Se requiere que esté perfectamente delimitado el ámbito o dominio de individuos que se van a clasificar, que a cada concepto corresponda al menos un individuo de ese ámbito, que ninguno caiga bajo dos conceptos clasificatorios distintos y que cada individuo pertenezca a alguno de los conceptos de la clasificación. En general, un concepto clasificatorio hace referencia a un grupo de objetos o acontecimientos que, desde la estructura conceptual y metodológica, se perciben como teniendo algo en común. Cada concepto comprende unos procedimientos empíricos para identificar y clasificar objetos y acontecimientos pertenecientes al ámbito delimitado.

Elaborar un sistema clasificatorio, como ocurrió con el mundo de los seres vivos en el siglo XVIII, supone una concepción de estructura y de organización de las partes que la conforman, así como de las relaciones que se establecen entre ellas, con el fin de introducir las categorías y jerarquizaciones y poder representar las cosas en un sistema de símbolos que permita designarlas. Por eso, construir una clasificación significa poseer una cierta idea de la naturaleza de los objetos que se van a clasificar y de las relaciones que se establecen entre ellos, para ubicarlos en el lugar supuesto que les corresponde y ordenar ese mundo según la organización que la subjetividad le ha dado, a sabiendas que en la exterioridad de la naturaleza existen únicamente individuos. Clasificar es, entonces, una actuación sistemática en la que se identifican partes según número, figura, proporción y situación (Jacob, F., 1986).

En cuanto a los conceptos comparativos, dice Mosterín (1978), es introducir, en una característica de los individuos de un ámbito, una relación de coincidencia y otra de precedencia, o sea, indicar cuándo dos elementos del conjunto coinciden respecto a la característica y cuándo uno precede al otro respecto a ella. El concepto comparativo introduce un orden en la clasificación ya que la relación de precedencia lo organiza en términos de *mayor que* y *menor que*, generando un conjunto en el cual los elementos se siguen unos a otros en las secuencias de mayor a menor o de menor a mayor, como es la costumbre. Este hecho posibilita la creación de escalas ordinales (no de escalas proporcionales) o de comparación, lo cual parece ser un primer paso en la matematización de la realidad extrasubjetiva y la construcción de los conceptos métricos. Pero ordenar una clasificación según las relaciones de precedencia *mayor que* o *menor que*, no es cuantificar las características que se han atribuido a las cosas o a los acontecimientos para incluirlos en un ámbito o dominio. Por otra parte, de igual manera que se elaboran reglas de observación para clasificar, se establece para cada concepto comparativo un conjunto de operaciones empíricas que permitan determinar la coincidencia o la precedencia respecto a la característica. En el caso del concepto comparativo de *dureza,* usado en mineralogía, la operación es la prueba del rayado; dado dos minerales A y B, si A raya a B, entonces A es más duro que B y si ninguno es rayado por el otro, coinciden en la dureza. La escala utilizada es la de Mohs, en la cual el diamante ocupa la posición 10 (máxima) y el talco 1 (mínima) (Mosterín, J., 1978). Otro concepto comparativo es el de la intensidad de los terremotos con la escala llamada de Richter, que no mide dicha intensidad.

54

Queda establecido que el ser humano ordena los objetos y acontecimientos de su entorno en sistemas de clasificación, como un primer paso para su orientación, manejo y dominio. Y es un primer paso porque ningún concepto clasificatorio permite, en sentido estricto, realizar comparaciones; no es factible responder a la pregunta, por ejemplo, acerca de cuál es más mamífero, si la vaca o el tigre, desde este concepto clasificatorio. Para tal efecto, se requiere de la construcción de un concepto comparativo y su correspondiente escala ordinal de comparación, el cual, desde sus relaciones de coincidencia y precedencia, establezca un orden ascendente o descendente en el subconjunto de los mamíferos. Con la operación conceptual y metodológica de los conceptos comparativos, el ser humano hace una discriminación más fina de las cosas y acontecimientos del mundo, base de las actuaciones sociales de intercambio. Con sus relaciones de coincidencia, los conceptos comparativos son también clasificatorios, con ellos se hacen clasificaciones, pero los clasificatorios no permiten efectuar comparaciones. Por esto se dice que los conceptos comparativos poseen mayor potencia cognitiva. Sin embargo, ninguno de los dos, para reiterarlo, sirven para medir, no contienen la operación para responder a la pregunta por la cantidad de la característica de la que se trate; con ellos no se puede medir.

Los conceptos métricos

Para ejecutar la operación de medir, el intelecto ha de elaborar conceptos cuantitativos, métricos o magnitudes, como longitud, área, masa, energía, fuerza, velocidad, etc.; una construcción que sólo es factible desde una estructura conceptual y metodológica que, con base en la percepción subjetiva y la representación de las simetrías y asimetrías (De Gortari, E., 1978), pueda geometrizar las cosas y acontecimientos desarrollando las técnicas de representación en términos de líneas, superficies y volúmenes, con las correspondientes proposiciones proporcionales. Se decía anteriormente que las magnitudes eran los componentes estructurales de las teorías científicas y tecnológicas. Pues bien, se comprende entonces por qué esos cuerpos conceptuales y metodológicos sean constructos de simetrías (Hooft, G., 1980), es decir, construcciones geométricas. Es dentro de esta convicción que es entendible la expresión de Einstein en la que afirma que la gravedad es una fuerza ficticia introducida para ocultar nuestra ignorancia de la estructura geométrica del espacio y del tiempo (Mackeown, P. K., 1984).

Para llegar a entender las operaciones mediante las cuales se procede a la geometrización de las representaciones a las cuales hacen referencia los conceptos de longitud, área y volumen, es necesario estudiar el método de la equidescomposición que se inventó para tal efecto y las limitaciones que ese mismo método introdujo para la extensión del concepto de área y de volumen a superficies circulares y objetos no cúbicos (Gorgorio, S. N., 1987). En el campo de la química, el concepto de reacción y la introducción de la balanza, realizados por Lavoisier, supuso una geometrización, esto es, la percepción de la simetría inherente al proceso y a la formulación de la ley de la conservación de la masa.

Para los conceptos métricos o magnitudes se ha propuesto una estructura trina (Gallego-Badillo, R. et. al., 1986) configurada por una fenomenología, aquello a lo que hace referencia la representación que entre la comunidad científica se alude cuando se utiliza el vocablo técnico correspondiente a cada concepto. Un componente matemático, derivado del proceso mismo de construcción que geometriza a la fenomenología de que se trate, hace ser a los conceptos escalares, vectoriales o tensoriales, apropiados para describir y explicar los fenómenos mediante ecuaciones. Para el caso de las magnitudes escalares, un concepto métrico "f" en un dominio "F" es una aplicación del dominio "F" sobre el conjunto de los números reales. En otras palabras, una aplicación de un número real a las magnitudes de las relaciones de proporcionalidad aplicado a "F". Las vectoriales, además de la magnitud, asignan también una dirección y una orientación.

Jesús Mosterín (1978) presenta tres pasos para dicho proceso: 1) definición del sistema empírico; 2) formulación de axiomas o hipótesis que expresen ciertas cualidades de ese sistema empírico; 3) prueba de un teorema de representación que afirme la existencia de un homomorfismo de ese sistema empírico en cierto sistema numérico; 4) prueba de un teorema de unicidad que indique hasta qué punto el homomorfismo es unívoco, es decir, cuáles son las transformaciones permisibles del homomorfismo dado, que también constituyen homomorfismos del mismo sistema empírico en el mismo sistema numérico.

El tercer componente es el tecnológico o instrumental, puesto que cada concepto métrico posee un instrumento o un entramado tecnológico de ellos para medir, experimentalmente, las relaciones de proporcionalidad de la fenomenología geometrizada, atrapadas en esos diseños tecnológicos que son los experimentos. El instrumento o el tramado de instrumentos no es un agregado, sino que, al igual que el componente matemático, surge en el mismo proceso de construcción, esto es, en la definición del ámbito fenomenológico y en la matematización-metrización del mismo. Por tanto, los instrumentos en sus configuraciones tecnológicas contienen la fenomenología que miden (la cinta métrica es longitud, el dinamómetro es fuerza, el termómetro es temperatura, etc.), por lo que obedecen a la misma teorización y se hayan imbricados en la misma red de conceptos a la que pertenece la magnitud en cuestión.

Debe quedar claro que metrización y medida no son lo mismo, a pesar de la sinonimia sugerida por la etimología. La metrización, separada analíticamente, conduce al diseño del instrumento o red tecnológica de instrumentos, dependiendo de la complejidad conceptual y técnica de la fenomenología caracterizada. La medición supone que ya se posee el concepto en la totalidad de su estructura epistemológica y consiste en la búsqueda del número real o vector concreto que ese concepto asigna a un caso particular de la fenomenología que comprende. El proceso de medición no es arbitrario, puesto que queda establecido en la construcción, matematización-metrización.

Es común encontrar en los manuales de ciencias para la educación primaria, secundaria, y aun en la universitaria, la idea de que medir es comparar una cosa o un fenómeno con un objeto patrón acordado. Probablemente se está frente a una extensión del proceso de metrización del concepto de longitud y del de peso adoptado en las prácticas comerciales de los productos naturales. La aseveración se haya ligada a la práctica escolar de definir, en pocas palabras, un concepto, agregar el nombre del instrumento de medida y los múltiplos y submúltiplos de las unidades correspondientes. Preguntar por qué el dinamómetro mide fuerza, por ejemplo, y cuál es la racionalidad constructiva inherente a la "dina" y al "newton", es muchas veces un enfoque que ni siquiera los profesores asumen. En este orden de ideas, ¿hasta dónde el punto de equilibrio entre el peso de un cuerpo y la fuerza de recuperación del resorte que se halla en el dinamómetro (equilibrio mecánico) es una comparación? ¿Por qué se asimila el caso estático (no relativista) de comparar la cinta métrica con la longitud de un cuerpo, con un fenómeno dinámico de equilibrio de fuerzas, como ocurre al aplicar el dinamómetro? ¿Cómo afirmar que la altura de la columna de mercurio en el termómetro es una comparación de temperaturas y no una equivalencia entre las energías cinéticas promedio (estadísticas) de los átomos de ese elemento y las partículas del sistema cuya temperatura se desea determinar? Quedarse en la ingenuidad o en la drástica simplificación de que medir es comparar, es eludir el problema de que todo concepto métrico es una representación fenómeno-tecnológica (Bachelard, G., 1978) y matemática, y no sólo el nombre de una colección de objetos o acontecimientos empíricos que son concebidos como si poseyeran características análogas.

Otro aspecto de la naturaleza de las magnitudes es el de las escalas proporcionales. Se dice que la temperatura es una cantidad escalar que puede representarse por una posición a lo largo de una línea o escala. El campo correspondiente de temperaturas es un campo escalar en el que cada punto viene asociado con un solo número. En el caso de los campos vectoriales, a cada punto del espacio se le hace corresponder un vector o flecha (geometrización del campo). Un vector tiene un tamaño, que se representa mediante la longitud de la flecha, y una dirección, que en espacios tridimensionales se especifica mediante dos ángulos; por tanto, hay que dar tres números para indicar el valor de un vector. Las escalas proporcionales de las magnitudes escalares no sólo informan que un ámbito manifiesta más o menos que otro la fenomenología en cuestión, sino que señalan en qué proporción exacta el uno manifiesta más o menos que el otro dicha fenomenología (Mosterín, J., 1978). Una escala proporcional es un homomorfismo de un sistema empírico en un sistema numérico si, y sólo si, una transformación en él es también un homomorfismo del mismo sistema empírico en el mismo sistema numérico. De aquí que se pueda pasar de una escala a otra, multiplicando por un número fijo, como sucede cuando se pasa de la escala centígrada a la Farenheit. Ahora bien, la existencia de distintas escalas proporcionales se debe a que hay muchas funciones que constituyen homomorfismos, cada una construida eligiendo un objeto o conjunto de objetos y acontecimientos, y asignándole a cada uno un número determinado.

En la complejidad de los conceptos métricos se da la relación exactitud-precisión, la cual presenta la frontera conflictiva entre lo abstracto y lo concreto, entre la precisión matemática y la precisión experimental, aclarando que precisión y exactitud no son conceptos idénticos en las ciencias experimentales y en las tecnologías. La medida de la precisión experimental, inherente a la finura tecnológica de los instrumentos, es la *desviación*, mientras que la de la exactitud es el *error*. El error se refiere a la congruencia por exceso o defecto entre lo postulado teóricamente (o el valor de una magnitud aceptada por la comunidad científica) y lo obtenido en un experimento. Por ejemplo, cuando se propone la suma de los siguientes entes matemáticos:

$$7{,}4526$$
$$2{,}35$$
$$3{,}4$$

para efectuarla, se procede como si en la práctica se hubiese completado con ceros (en matemática las operaciones están definidas para elementos de un mismo conjunto) así:

$$7{,}4526$$
$$2{,}3500$$
$$3{,}4000$$
$$13{,}2026$$

La suma es correcta y precisa desde el punto de vista matemático, y es esto lo que hacen las calculadoras.

Otra cosa sucede si la operación ya no es con números, sino con magnitudes tomadas con instrumentos cuyas precisiones son diferentes. No se puede completar con ceros porque tal procedimiento sería un cambio falaz de aparatos, es decir, se les asignaría a ellos una precisión instrumental que no poseen. La suma de:

$$7{,}4526 \text{ gr.}$$
$$2{,}35 \text{ gr.}$$
$$3{,}4 \text{ gr.}$$
$$13{,}1 \text{ gr.}$$

He ahí la diferencia entre hacer matemática pura y ciencia experimental. El instrumento con menor precisión (0,1 gr.) determina la precisión del resultado. De hecho, para evitar esto, los científicos trabajan con instrumentos que poseen precisiones equivalentes. Y existe una metodología para operar con las precisiones (desviaciones) y hablar de cifras significativas. Ellas son el número de dígitos que, contados de izquierda a derecha sin contar la coma, tienen significado experimental. Después de la última, empieza la incertidumbre, la ignorancia. No todos los dígitos que arroja la calculadora poseen significado y hay que saber trabajar con las cifras experimentales, tal como lo exige una buena formación científica y las comunidades de especialistas.

No es posible finalizar esta breve alusión a los conceptos métricos sin anotar que para ellos se ha organizado también una taxonomía, que es una clasificación fina dentro del sistema de los conceptos científicos. Ya se ha hablado de los escalares, vectoriales y tensoriales. Adiciónese que, según el concepto de construcción, son igualmente básicos (la longitud, por ejemplo) y derivados del primer orden (la fuerza, la energía, etc.). Habría que postular, para completar el cuadro, los derivados del segundo orden, especie de conceptos de conceptos, que no poseen una magnitud en sí, pero que son inconcebibles sin tener en cuenta la serie de conceptos métricos que engloban; así se tienen, verbigracia, sustancia química, átomo, molécula, campo cuántico, electromagnético, etc. Con estos conceptos de conceptos, abstracciones de abstracciones, se formulan los objetos de conocimiento y se dan las diferencias significativas entre cada una de las especialidades de las distintas ciencias experimentales y las tecnologías, es decir, las disciplinas.

Ya que se habla de clasificaciones, es preciso anotar algo sobre la potencia cognoscitiva de los conceptos cuantitativos. Si un concepto métrico permite determinar en qué proporción exacta un ámbito manifiesta más o menos la fenomenología que otro, entonces sirve para establecer comparaciones; de la misma manera, al precisar cuando coinciden en la misma magnitud, son utilizados para hacer clasificaciones. En síntesis, todo concepto métrico es cuantitativo, comparativo y clasificatorio a la vez, superando a los comparativos, con los cuales no se puede medir, pues en sus construcciones no se establecen los procesos para ejecutar tal operación.

Al igual que las nociones y las categorías, los conceptos científicos no son propiedades de las cosas y de los acontecimientos del mundo, sino representaciones que trabajan tecnológicamente con organizaciones de la realidad exterior, desde un orden que con ellos es factible instaurar. Se cambian o son transformados cuando las miradas, creencias y suposiciones básicas sobre la estructura del mundo y su funcionamiento experimentan modificaciones. Esos cambios conllevan transformaciones en la estructura conceptual y metodológica de la que hacen parte. Así, por ejemplo, se sabe que desde la geometría euclidiana-arquimediana aplicada al campo vectorial y suponiendo una estructura mecánica del mundo físico, Newton formuló su concepto de fuerza y los tres postulados de sus principios filosóficos de la filosofía natural. Einstein, sobre la geometría de Riemann y negando la idea de espacio y tiempos absolutos, crea su mecánica relativística y sostiene que el concepto de fuerza gravitacional es ficticio. Se inicia entonces una discusión sobre la realidad del universo de que tratan los físicos (Adams, S.F., 1987) y se formula la pregunta en torno a si las leyes de la naturaleza son descubiertas o son una construcción de los investigadores en su trabajo cognoscitivo (Mogill, A.T., 1973). Heisemberg, refiriéndose en 1955 a las partículas elementales, sostendrá que de ellas como "cosas en sí" no se puede hablar, y que la discusión es necesario hacerla alrededor del conocimiento que al respecto se ha elaborado (Heisemberg, W., 1985).

Acerca de las transformaciones conceptuales y metodológicas en el campo de las ciencias experimentales y las tecnologías, y por qué no, en los de la filosofía y de las ideologías, es bueno recordar que I. Lakatos apunta que sólo quienes desean montar un nuevo programa de investigación científica son quienes atacan el núcleo firme ya establecido. Toulmin (1977) considera que la transformación histórica por la cual evoluciona el contenido de una disciplina científica sólo es explicable en términos de las ambiciones explicativas corrientes del correspondiente gremio de especialistas; o sea, a partir de los ideales y las ambiciones intelectuales relevantes que definen, en parte, la naturaleza de los problemas. El objeto de estudio en una ciencia, dice Toulmin, es problemático solamente cuando se le considera a la luz de esas ambiciones intelectuales que determinan las ambiciones colectivas a las que se adhieren los deseosos de triunfar en una profesión correspondiente. Todo parece ser un problema de intereses y actitudes, de deseos de triunfar, de tener éxito y reconocimiento social. Pero, ¿no sucede acaso lo mismo en el terreno de los negocios, de la industria, cuando se despliega dentro de ciertas reglas la competencia?

Hechas las especificaciones sobre nociones, categorías y conceptos, en el convencimiento de que las precisiones de aquello que representan se da en las distintas proposiciones que con ellas se tejen, se comprende entonces la clase de ordenamiento que se instaura en la realidad extrasubjetiva, como espacio preparado y organizado para la ejecución de unas actuaciones arregladas de conformidad con el fin perseguido. Son esas nociones, categorías y conceptos, cada uno en su ámbito correspondiente y sin excluir las polivalencias, las formas de introducir el orden en la diversidad y variedad del mundo natural y social para el ejercicio descriptivo y explicativo de las cosas y los acontecimientos, con miras a la intervención y al control. La evidencia es clara en las nociones políticas y religiosas, casi siempre maniqueístas, algo que no es posible ni con las categorías ni con los conceptos. Con estos últimos, la metodología del ordenamiento aparece más sistemática, más sometible a la algoritmización, en el supuesto de un ir continuo desde los clasificatorios, que identifican y agrupan, hasta los métricos que cuantifican, pasando por los comparativos que ordenan. La organización creada en el mundo, ordenada y cuantificada, hace científica y tecnológica la intervención instrumental (Habermas, J., 1984). Con las magnitudes, el orden para la predicción y el control se hace matemático-métrica, introduciéndose la exactitud y la precisión.

Resta, para concluir con las anteriores anotaciones sobre los conceptos, relacionar lo establecido con las ideas apuntadas sobre las representaciones y sus multivalencias.

Cuando se presta atención a un concepto clasificatorio, por ejemplo el de *artrópodo*, viene al entendimiento la idea de animal, insecto, patas articuladas, etc. Este caso, además de mostrar la problemática de que una representación es determinada en su elaboración por otras del mismo campo conceptual, señala cómo los conceptos clasificatorios, fuera de pertenecer a un sistema taxonómico, constituyen representaciones que conllevan su componente metodológico, en este caso, la observación cuidadosa de la articulación de las patas, después de las características restantes que han sido acordadas por la comunidad de biólogos para clasificar a un grupo de seres vivos como animales e insectos. Podría concluirse, consecuentemente, que los conceptos clasificatorios son representaciones (aquello que se quiere decir en el interior de la comunidad respectiva de especialistas), los cuales contienen en sus especificaciones unas técnicas del representar y unos procedimientos empíricos definidos para cada uno; mediante estos se introducen dentro de un subconjunto todos aquellos objetos o seres que exhiben las características acordadas. Así pues, esta es la naturaleza de la polivalencia de tales conceptos.

Con los conceptos comparativos, el de dureza, por ejemplo, lo que ellos representan en el entendimiento más las técnicas de representación y los procedimientos empíricos, con el fin de establecer las relaciones de precedencia (el rayado, en el caso de la dureza), implica una actuación adicional de la inteligencia, como es la construcción de escalas ordinales y la conciencia del límite de las operaciones que es factible hacer con ellas. Estas representaciones comparativas, por tanto, requieren en su construcción de un componente numérico en la serie natural de los enteros positivos, adquiriendo una representación en la escala que haya sido establecida para tal efecto y que recoge, en sus relaciones de precedencia, aquello que se quiere decir en la comunidad de especialistas. Cuando a un mineralogista, por ejemplo, se le dice que una *roca* posee dureza 9, inmediatamente le viene a la mente la escala de Mohs (o pregunta de qué escala se trata), el corindón y todo lo que esto significa para él. Cierra los ojos y el cuadro que evoca reconstruye todo lo que la representación de dureza conlleva. Las técnicas de representación, en lo que a los conceptos comparativos se refiere y a diferencia de los clasificatorios, implican esa especie de *matematización elemental* de ellos e introducen el problema de la reflexión formal. Si se tiene en cuenta que cada uno de dichos conceptos es construido en coordinación con otros, se comprende por qué la polivalencia de ellos es mayor que la de los clasificatorios, aumentando la dificultad de su aprendizaje.

En cuanto a los conceptos métricos, sus representaciones y técnicas de representarlos se vuelven mucho más complejas que en el caso de los anteriores. Aumenta la complejidad porque la mayoría de ellos son conceptos de conceptos que se derivan unos de otros, siguiendo la lógica de los campos conceptuales y metodológicos o las teorías en los cuales se hallan inmersos y adquieren significados. Este hecho trasciende la simple referencia a que cada uno de ellos se elabora en conjunto con otros en el interior de un contexto de dominio delimitado. Habría que examinar para cada concepto métrico (básico, derivado, escalar, vectorial, tensorial, etc.) lo que representa y mediante qué procedimientos de la inteligencia se construye de manera completa su representación.

No obstante lo anterior, y recordando la generalidad de la estructura epistemológica que se ha postulado para los conceptos en cuestión (fenomenología, componente matemático y componente tecnológico), es posible afirmar que existe una polivalencia en la representación que cada uno recoge, sumada a la coordinada multiplicidad de las técnicas de representar que le son propias (geometrización de la fenomenología, matematización y metrización de la misma), amén de los procedimientos necesarios para la toma de datos y significación de ellos en el interior de las hipótesis que dan lugar, dentro de una teoría, a una experimentación especificada (el componente tecnológico de la representación condensada en el instrumento o conjunto de instrumentos).

La cuestión se vuelve más intrincada cuando se introduce la reflexión sobre las representaciones a las cuales hacen referencia las fórmulas matemáticas y las técnicas algorítmicas y significativas en ellas implicadas, como también el problema del diseño experimental (tramado de instrumentos), los conceptos de precisión, exactitud, cifras significativas, etc. Quizá, esta complejidad es la causante, en parte, de las dificultades propias de la enseñanza de las ciencias experimentales y de su aprendizaje, al igual que sea ella la que haya impulsado la creación y desarrollo de una comunidad de especialistas dedicada a la investigación de tal problemática. La polivalencia de las representaciones de los conceptos métricos es mucho mayor que la de los anteriores, lo que incide en su gran potencia heurística. Acéptese, de manera simplificada, que poseen tres polos de conexión: por el componente fenomenológico (problema epistemológico), por el matemático (problema formal) y por el tecnológico (problema tecnológico).

Una anotación sobre la metodología

Hacer una contrastación de las diferencias conceptuales entre metodología, método y metódica no es el propósito del presente acápite, lo cual no niega la importancia de dicha distinción. Se apunta sólo a poner sobre el tapete la reducción ingenua, sobre todo entre los educadores, de la metodología a meros algoritmos para la obtención de unos resultados, una imagen impulsada por el positivismo y la ideología de la llamada "administración científica", un hacer mecánico independiente de las estructuras conceptuales, creencias y suposiciones básicas sobre el funcionamiento de la naturaleza y de la sociedad, que subyacen a toda propuesta metodológica, como se ha venido sosteniendo a lo largo de estas *anotaciones*. Esa reducción adquirió popularidad con la propuesta de los empiropositivistas del llamado "método científico", un conjunto articulado de pasos aplicable a cualquier situación de conocimiento sin ninguna distinción.

Si bien no se comparte el "anarquismo metodológico" de Paul Feyerabend, resulta conveniente resaltar, en primer lugar, su aseveración de que la preocupación por la metodología aislada, como receta, era apropiada para los países del Tercer Mundo, los cuales, tal como estaban, jamás producirían ciencia y tecnología, y, en segundo lugar, que una teoría sobre el método es toda una disquisición sobre el hombre de ciencia y la sociedad (Feyerabend, P., 1985). En otro marco de ideas, la preocupación por cuáles son los algoritmos metodológicos de los científicos sería justificable en aquellas personas que sólo desean tener ideas aproximadas y generales de cómo los hombres y las mujeres de ciencias y tecnologías trabajan una especie de cultura general indispensable para quienes viven en los tiempos que corren. Por el contrario, existe el convencimiento de que quienes desean realmente formarse como investigadores tienen que vincularse a un grupo con trayectoria exitosa en el campo de su elección (Zahar, E., 1982).

Mucho más allá de las alusiones a las comunidades científicas y tecnológicas, en una extensión que abarque al ser humano común y corriente, una teorización sobre la metodología, para ser administrable ha de incorporar al discurso una conceptualización sobre el ser humano, sobre la naturaleza de los diferentes saberes y el origen del conocimiento, su utilidad individual y social, sobre la concepción del horizonte de vida realizable en una sociedad determinada, que sus hombres y mujeres deben perseguir, aquello que merece la pena ser pensado y realizado en su interior. Tiene que ver con la idea de que ciencia y tecnología dominan en dicha sociedad, en relación con el proyecto político que ella ha decidido darse (Kerr, D.H., 1981). Ha de clarificar por qué todo conocimiento es desarrollado en un contexto cultural, con dimensiones sociales, políticas, económicas e ideológicas, las cuales ejercen un tramado continuo de fuerzas que determina la naturaleza y los procesos de creación del conocimiento científico; fuerzas que pueden ser agrupadas de diferentes maneras, dos de las cuales hacen referencia a: 1) las relaciones entre ciencia y sociedad y 2) a la política de desarrollo científico y tecnológico asumida por el Estado (Nelson, S.D., 1979). Y, de manera concomitante, con los postulados sobre los cuales organiza y desarrolla su educación institucional en todos los niveles y modalidades.

Centrados en ese hombre común y corriente, resulta una posición errada creer que sólo los científicos y los tecnólogos están, en rigor, metodológicamente orientados, pasando por alto a los artesanos, a quienes nadie estaría en razón para acusar de un actuar anárquico. Desde sus primeros intentos de aventurarse en el espacio familiar, los niños revelan la construcción de algoritmos que les permitan dar concreción a los propósitos de conocimiento y dominio por ellos imaginados. También, habría que traer a cuento a los comerciantes, quienes siguen métodos propios y adecuados para no fracasar en su oficio. Sin hacer un listado exhaustivo, se puede concluir que cada ámbito de realización y actuación humana especializada, académica o no, posee articulaciones conceptuales y metodológicas características. Las ciencias y las tecnologías son casos particulares, respetando la diversidad que a ellas les es inherente.

La reiteración es indispensable. La historia demuestra que la separación entre teoría y práctica, entre el pensar y el actuar en la vida, entre ciencia pura y ciencia aplicada, no es más que una posición filosófico-ideológica más, en el conjunto de una mayoría que afirma lo contrario. La propuesta constructivista parte de una concepción holística en la que la estructura conceptual y la metodológica, en todos los órdenes y planos de la existencia, se hayan imbricadas con posiciones sobre la sociedad, la naturaleza, el individuo humano y los orígenes y utilidad de los procesos de construcción del conocimiento, en el seno de una tradición cultural y de factores sociales, políticos y económicos que los determina.

Y es preciso repetirlo. Todo ser humano que actúa con arreglo a un fin, se exige a sí mismo ser metódico, pues de lo contrario no podría obtener los resultados que persigue. Por consiguiente, existe la necesidad de establecer una taxonomía de las metodologías que clasifique y discurra con claridad y distinción acerca de los diferentes campos de las actuaciones sociales de producción e intercambio, espiritual o material. En este orden de ideas, habrá también que establecer claridad sobre los procedimientos metodológicos no iguales tanto de las variadas ciencias experimentales y las tecnologías como de las otras especialidades académicas.

Capítulo 2

ORIGEN Y DESARROLLO DEL CONSTRUCTIVISMO

En este capítulo se persigue demostrar al lector que el constructivismo es un movimiento intelectual sobre el problema del conocimiento, que ha venido configurándose desde los presocráticos e influyendo, de alguna manera, en ciertos pensadores que, si bien no pueden catalogarse como constructivistas, han hecho afirmaciones sueltas cuyo análisis detallado lleva a concluir que poseían una cierta inclinación por estos postulados. Es todo un recorrido histórico en el cual han dominado, por razones culturales, sociales y políticas, otras ideas diferentes. Se piensa que en la actualidad, con los planteamientos de la apertura económica y la globalización del mercado, el constructivismo será el paradigma que le gane la partida al empiropositivismo.

Si se toma como punto de origen la ya conocida disputa entre dogmáticos y escépticos, los primeros afirman que se puede conocer, mientras los segundos dicen que o bien no se puede conocer o, en últimas, no se sabe qué se puede conocer (Lakatos, I., 1983), la epistemología constructivista se sitúa en una región en la cual afirma la realidad del conocimiento, esto es, el ser humano puede conocer, pero él es quien decide autónomamente lo que puede conocer, cuándo está en condiciones de decidir qué es lo que puede conocer y en cuáles circunstancias ese conocimiento es metodológicamente factible dentro de una tradición cultural y unos factores sociales, políticos y económicos que la determinan. Todo porque sostiene que aquello que cree saber es una construcción en la tensión, dialéctica y creativa, individuo-comunidad. Además, como eso que sabe y a partir de lo cual actúa le asegura la existencia, en algunas etapas de la vida opta por posiciones dogmáticas relativas, pero en la medida en que los cambios en las condiciones o el deseo de superación lo obligan a la necesidad de nuevas construcciones, se hace escéptico en un sentido positivo. Lo que ningún constructivista afirma es que el conocimiento exista per se, por fuera de la lucha individuo-comunidad, en el horizonte de las ambiciones políticas, económicas y de reconocimiento social.

Los dogmáticos han imperado. En lo tocante a lo científico-filosófico, los nombres de Pitágoras, Platón y Aristóteles, para sólo mencionar a los dominantes en el pasado, han guiado de alguna manera ese querer imponer a los otros una única manera de concebir y organizar la realidad, tanto subjetiva como objetiva. Muchos de ellos, desde sus concepciones particulares, crearon ordenamientos a los cuales, para subsistir, había que someterse, entre otras razones, porque organizaron proyectos políticos, es decir, programas de sociedad que eran a la vez epistemológicos. Cada uno tuvo su espacio histórico y orientó la actividad intelectual dominante, las formas admitidas de creer, pensar y actuar en los distintos órdenes y niveles del vivir.

72

Los escépticos han existido desde siempre, sosteniendo una posición contraria a la forma de pensar y actuar impuesta por los detentadores del poder. Ellos serían los primeros constructivistas, "mutatis mutandis". Comenzaron por asumir una tercera vía frente a la obligación intelectual de tener que negar o afirmar la verdad del ser y se hicieron abstencionistas. Fue una actitud conceptual y metodológica que se mantuvo latente mientras la física de Newton y la geometría euclidiano-arquimediana constituyeron la única posibilidad de pensar científica y mecánicamente el mundo social y natural, dentro del orden creado por dicha mentalidad, un orden creado para que en la realidad aquello que ella postulaba existiera.

El desorden, o la nueva organización, va a ser creado con la construcción de las otras geometrías no euclidianas, las cuales posibilitarán la física relativista y la mecánica de los cuantas. Si bien para las personas comunes y corrientes una educación que sigue los mandatos empiropositivistas no les ha permitido acceder a estos enfoques revolucionarios, lo cierto es que Einstein desafió los fundamentos del sentido común y de las seguridades organizadas sobre la cómoda realidad newtoniana. El conocimiento se relativizó, o mejor, lo sabido se redujo a las justas proporciones del espacio para el cual era válido y la universalidad se rompió, se fraccionó en regiones epistemológicas dentro de las cuales los diseños tecnológicos creados daban resultados con precisiones y exactitudes no absolutas.

La necesidad de mostrar que la confianza en las ciencias experimentales, que se convirtieron en patrones para juzgar lo verdadero o no de cualquier conocimiento distinto, es para algunos todavía un esquema infalible. Durante las primeras décadas del presente siglo, se llegó al convencimiento de que las leyes físicas, con las cuales se explicaba el movimiento de los objetos cotidianos, no eran suficientes para dar cuenta de la radiación del "cuerpo negro", y las predicciones que desde ellas se elaboraban para los experimentos sobre el mundo de los átomos, quedaban contradecidas por un porcentaje significativo de los resultados. Surgió entonces la necesidad de otras creencias y principios básicos sobre la estructura y el comportamiento del universo en su totalidad, y con ellos diferentes estructuras conceptuales y metodológicas, cada una aplicable a alguna porción de ese universo (Corwin, T. M. y Wachowiak, D., 1984). La física inició una nueva historia con la invención, por parte de los investigadores, de conceptos apropiados y la redefinición de los que tradicionalmente usaba la comunidad científica (Heisemberg, W., 1980). En síntesis, estos hechos por sí solos hablan en favor de que los dogmáticos y los escépticos sostienen posiciones extremas, que el constructivismo resuelve sin acudir a ellos y sin caer en relativismos subjetivistas.

Antigüedad del constructivismo

Quizá sea en el pensamiento de Jenófanes donde haya que encontrar las primeras aproximaciones a esta corriente epistemológica. Filósofo y poeta (rapsoda) presocrático, fue fundador de la escuela de Elea (nació en Colofón (570-478 a.c.). Se conservan fragmentos de sus *Elegías* y de sus *Sátiras*. Se le conoce como escéptico, en el sentido original griego, que significa examinar, comprobar, reflexionar, inspeccionar, investigar. Rapsoda de profesión y discípulo de Homero y Hesíodo, ejerció contra ellos una crítica que se distingue por ser fundamentalmente ética y pedagógica (K. Popper).

Es posible que sea el primer pensador en desarrollar una teoría sobre la verdad, enlazándola con la falibilidad humana, con la ignorancia. Con él comienza la idea de que toda teoría debe admitirse en competencia con otras (reactivada en este siglo por Kuhn y Lakatos) y que sólo la crítica, la discusión racional, está en condiciones de aceptar las que parecen acercarse más a la verdad, desechando aquellas que se muestran más alejadas; algo que parece hablar en dirección de que no hay teorías falsas, sino unas más verdaderas que otras. La verdad, según Jenófanes, es pues una competencia racional de puntos de vista distintos sobre lo mismo, de concepciones alternativas sobre las cosas y los acontecimientos sociales y naturales, teniendo cada uno razón según la orilla desde la cual monta su mirada sobre el mundo. Además, ninguna teoría puede existir o dominar sino es en relación con otras que, al discurrir sobre lo mismo, se disputan la supremacía.

Para Jenófanes, es el hombre quien llega a las cosas con el tiempo, y no son los dioses quienes se las revelan. Ante el problema del cambio, deja de preocuparse por el proceso en sí, con el fin de dirigir su pensamiento a la búsqueda de algo que permanezca por debajo de este y, en consecuencia, postula como principio lo que siempre permanece igual, entrando en relación con el pensamiento de Parménides. En dicha conclusión, Jenófanes se aparta de los fundamentos constructivistas que hay en el comienzo de sus reflexiones, los cuales, a pesar de lo anterior, pueden deducirse de los extractos siguientes (García Bacca, Juan David, 1978):

I.2.
Mas los mortales piensan
que, cual ellos, los dioses se engendraron;
que los dioses, cual ellos, voz y traza y sentidos poseen.
Pero si bueyes y leones,
manos tuvieran
y el pintar con ellas,
y hacer las cosas que los hombres hacen,
caballos a caballos, bueyes a bueyes,
pintaran parecidas ideas de los dioses;
y darían a cuerpos de dioses formas tales
que a las de ellos cobraran semejanza.

Muestra aquí el rapsoda que el hombre construye sus mitos a partir de la representación que de sí mismo elabora, de la imagen que se hace de su naturaleza. Su teoría del conocimiento se muestra con mayor claridad en el siguiente poema, donde establece que su construcción, al igual que todas las demás elaboraciones, no son más que puras conjeturas (K. Popper); se inscribe así en una autocrítica drástica, en la cual revela su profundo racionalismo (García Bacca, Juan David, 1978):

> *I. 7.*
> *Jamás nació ni nacerá varón alguno*
> *que conozca de vista cierta lo que yo digo*
> *sobre los dioses y sobre las cosas todas;*
> *porque, aunque acierte a declarar las cosas*
> *de la más perfecta manera,*
> *él, en verdad, nada sabe de vista.*
> *Todas las cosas ya por el contrario*
> *con opinión están prendidas*

Se supone que Jenófanes sostiene, en el fragmento anterior, la imposibilidad de conocer las cosas en sí, como afirmará después Kant. Sin embargo, los filósofos especializados (García Bacca, J. D., 1978), afirman que Jenófanes lo que hace es contraponer el *saber de vista* (eidético) al opinar o conocer opinativo. El saber eidético, dice García Bacca, no es algo ya hecho, mientras que la vida cotidiana y práctica ha elaborado ya una opinión sobre las cosas, el saber colectivo en el cual todos los seres humanos inician su estructuración cognoscitiva. Por eso, el saber sapiencial (eidético) cuando quiere comenzar a dar una interpretación rigurosa del mundo, se halla con el hecho de que se mueve en una interpretación preliminar del mundo y sus cosas, el entorno nocional que configura la opinión, aquello que dicen espontáneamente todos los días los seres humanos, el contenido del saber cotidiano. La opinión consiste pues, según García Bacca, en un estado de comprehensión y prendimiento mutuo entre sujeto y objeto, entre el ser humano y las cosas tal como se le aparecen, algo que está ya hecho desde que nace, por el acontecimiento de estar abandonado entre las cosas o, mejor, en el tejido sociocultural general de su comunidad. En cambio, la ciencia no es algo ya hecho, como el saber cotidiano dentro del cual se nace, sino que tiene que ser elaborada cuando el hombre se desprende de las cosas tal como las hace aparecer ante él el tejido mencionado, y las convierte en objetos de conocimiento y las comprende con conceptos.

En otro fragmento (García Bacca, J. D., 1978), Jenófanes, dice:

I. 8.
No enseñaron los dioses al mortal
todas las cosas ya desde el principio;
mas si se dan en la búsqueda tiempo
cosas mejores cada vez irán hallando

A los mortales, como se ve, no se les puede enseñar ni pueden saber todo desde el principio, desde el nacimiento, ya que tal saber iría contra su progreso y evolución intelectual. Si desde el principio supiesen todo, sería porque se lo habrían revelado a escondidas de su naturaleza, con trampas (K. Popper). Aun cuando utiliza la palabra búsqueda, la lectura entre líneas parece mostrar el convencimiento de que el conocimiento es un proceso que se desarrolla en el tiempo y, como tal, no puede ser otro que una construcción cuyos productos experimentan transformaciones, siendo cada vez mejores. Particularizando en el tiempo y dándose este para conocer las cosas, le permitirá justamente esa superación. Este darse tiempo sin pretender conocer todo desde el principio y para siempre, es una característica del conocer humano auténtico.

En la perspectiva del salto de la sociedad cerrada a la sociedad abierta (Popper, L., 1985), Jenófanes se erige como el filósofo que da el paso adelante, en contraposición con aquellos que al añorar la unidad del tribalismo, la idealizaron fundando escuelas, sectas y órdenes. Se inventó Jenófanes la tradición de la crítica y del análisis, y con ellas el arte del pensar racional. El es, entre los intelectuales de su tiempo, un pensador independiente y progresista.

Parménides y Heráclito

Parménides sustenta la permanencia y la unidad del Ser. Para él, la realidad del mundo es homogénea, esférica y sin vacíos. El Ser es y no puede dejar de ser; el no-ser no es y no podrá llegar a ser, porque lo que no es no está en condiciones de variar ni mejorar ni empeorar. Pero, entonces, y he aquí la crítica, ¿sólo el Ser, que es lo que existe, es lo que puede variar? El filósofo opina que todo lo que existe es y lo que no existe no es y, por tanto, no puede ser pensado. Lo que es no puede haber salido de la nada, no podrá terminar en la nada. El mundo es, por consiguiente, increado y eterno, homogéneo y uniforme, sin movimientos ni cambios. El movimiento es apariencia, por lo que él y el cambio carecen de valor, de verdadera realidad, de ahí que no puedan ser entendidos.

Parménides separa el mundo sensible del racional. Según las percepciones de los sentidos, se cree que lo que no es es y que el devenir existe, pues el cambio es propio del mundo sensible, ajeno a la racionalidad por lo impensable e irreal. Este filósofo se opone a cualquier asomo de una posición constructivista, y se dice que echó por el suelo el pensar y la naturaleza humana, ya que creó una realidad absoluta, dada de una vez y para siempre; una concepción acorde con el proyecto político que encarnó y por el cual luchó, concepción expresada en la unidad y permanencia del Ser, generando un camino único que a ese Ser conduce y otro que sólo lleva a la opinión, al devenir, a la apariencia y a la ilusión (García Bacca, J. D., 1978):

I.2.

Esta:

del Ente es ser; del Ente no es no ser.
Es senda de confianza,
pues la Verdad la sigue.

I.3.

Estotra:

del Ente no es ser; y del Ente es no ser, por necesidad,
te he de decir que es senda impracticable
y del todo insegura,
porque ni el propiamente no-ente conocieras,
que a él no hay cosa que tienda,
ni nada de él dirías;
que es una misma cosa el Pensar con el Ser.
Así que no me importa por qué lugar comience,
ya que una vez y otra
deberé arribar a lo mismo.

Hay que decir que, cuando Parménides enseña en su física la idea de que lo semejante percibe lo semejante (Larrogo, F., 1982), posiblemente y sin saberlo, estaba estableciendo las bases para la convicción actual de que cada quien percibe o entiende desde sus representaciones y estructuras conceptuales y metodológicas, como un sistema de codificación-decodificación de la realidad. Así pues, no se trata de que el alumno no comprenda, es que entiende de otra manera (Gallego-Badillo, R., 1990).

Heráclito (540-475 a.c.), filósofo de la escuela jónica, nació en Efeso y, al igual que Parménides, desarrolló su pensamiento en un período de grandes transformaciones sociales, de luchas entre los oligarcas y demócratas, manifestándose contrario a estos; despreció las creencias populares y vivió solitario. Su preocupación se centra en la sociedad, el individuo, el universo, la religión y la ética.

Con respecto a la sociedad, se dio cuenta de que, en su época, ésta se fundaba en la diferencia de clases y en la lucha entre ellas, de manera permanente, y esta es la ley que la rige, la cual debe ser aplicada a la totalidad de las cosas; una metodología que ha sido conocida como dialéctica. La lucha de clases se da en la *Polis*, y dicha lucha hace que ella viva en constante transformación. Afirma también que el hombre no es divino, sino una especial modificación de la materia y se halla sometido a los mismos procesos que ocurren en el universo. Con tal tesis, se ubica en contra del dualismo de los pitagóricos.

Para él, la discordancia visible es pura apariencia. Lo importante es la armonía invisible a los sentidos. Todo cuanto existe en el mundo está permanentemente cambiando de forma, todo cuanto acontece son procesos de cambios. Las transformaciones existentes en el mundo son fruto de la necesidad *ananque*. Nada permanece igual; el mundo es un perpetuo devenir. La ley del universo es la lucha constante entre lo manifiesto, impuesto por la necesidad. Las necesarias tensiones de oposición entre las cosas produce el cambio, en el que siempre hay un retorno a lo inmutable.

Heráclito articula el sí y el no, el Ser y el no-Ser para explicar la realidad. Ese es su juego dialéctico. Ve el universo como una tensión armónica de contrarios, en donde todas las cosas son una y surgen movidas por la discordia del unirse y separarse. Es él quien acuña la palabra *logos*, la racionalidad metódica de la ley de los contrarios, de acuerdo con la cual es posible la interpretación de lo que se ve; es conocer con juicio verdadero cómo son gobernados todos los hechos a través de todas las cosas. Todos los fenómenos que acontecen lo hacen según este *logos*.

Es el filósofo que resalta la idea del cambio, aun cuando se oponga a una mirada del mundo como un cosmos, una organización en la cual los objetos materiales sean los elementos con los cuales está hecha dicha estructura. Tilda a Hesíodo, a Pitágoras y a Jenófanes de impostores. Si todas las cosas se hallan en permanente cambio, entonces resulta imposible afirmar nada definitivo sobre ellas. El conocimiento real se reduce a unas cuantas opiniones que se modifican con el tiempo.

> *A pesar de que Cuenta-y-Razón existe desde siempre y para siempre no dan con ella los hombres, ni antes de haber oído hablar de ella ni después de haber oído de ella por primera vez. Que a pesar de haber sido hecho todo precisamente según esta Cuenta-y-Razón, se parecen a inexpertos que, con palabras y obras semejantes a las mismas, ellos tantean mientras que yo explico por lo largo con divisiones y sentencias, cual es la naturaleza de cada una de las cosas. (García Bacca, J.D., 1978.)*

El *logos* trabaja por Cuenta-y-Razón o según Cuenta-y-Razón, conmensurando o midiendo según proporciones o razones sencillas; posee, por consiguiente, cualidades métricas, por eso habla con "divisiones" y "sentencias". Esa Cuenta-y-Razón se halla en todos, es común, sin llegar a ser de ninguno. El *logos* así entendido, es pertenencia de la comunidad dentro de la cual registra transformaciones (García-Bacca, J.D., 1978). Si se hace una interpretación, a la luz actual, el conocimiento se reduce a unas estructuras conceptuales y metodológicas que manejan las comunidades de especialistas, dentro de las cuales experimentan cambios. Se comprende entonces la proximidad de Heráclito con muchas de las tesis que sostienen los constructivistas.

Téngase en cuenta que Heráclito no se resigna a aceptar la tradición. No es un ciego admirador de los mitos, fábulas y narraciones que explican la raza de los griegos, haciéndolos descender de origen divino. En esto se erige como un educador que busca cambios sustanciales en la cultura de su pueblo. De ahí que el énfasis que pone en la fluidez sea una preocupación por lo que es

inseparablemente mundano y humano. La total uniformidad, el
Ser único, inmutable y eterno, hace imposible un mundo de múl-
tiple variedad y reduce a la nada el conocimiento del mismo
(Farre, L., 1983) y, por consiguiente, la experiencia humana. Para
Heráclito, el mundo es lo que es por sus cambios y variaciones, de
tal forma que no se mantiene en una modalidad única y estable.
Por eso, para conocerlo hay que progresar en forma permanente a
través de razonamientos que requieren pasar de unos conceptos a
otros, dejar unas representaciones para crear otras más solidarias
con la actividad cognoscitiva, y esto ocurre siempre en el seno de
una comunidad, de un colectivo.

Para Heráclito, el saber individual no puede ser otra cosa que una
parte del saber universal. Cada individuo no posee ni más ni
menos saber que el que ha recibido de la razón universal. La
razón cósmica de la que el hombre participa al conocer, es siempre y en todo lugar idéntica a sí misma. Por eso, saber significa
percatarse de lo general, y es la ley y el orden a que se tiene que
someter cada uno de los seres humanos. Gracias a ese carácter de
ley universal el saber toma su naturaleza regulativa. La sumisión
a dicha ley universal, es un deber intelectual, político, moral y
religioso (Larroyo, F., 1982). Más que saber universal o razón
cósmica, mejor habría que hablar de saberes y razones comunitarias.

El caso de Platón

Platón es el anticonstructivista por excelencia. Influido por
Parménides, con él se impone la búsqueda de un conocimiento
puro en un mundo libre de cambios, de objetos perfectos e inmutables, a partir de su teoría de las formas o ideas absolutas. Estas
son el original y el origen de los objetos de la realidad sensible, la
razón de su existencia, el principio estable y sustentador en virtud
del cual se dan esos objetos. Las formas o ideas se encuentran

situadas fuera del espacio y del tiempo, por lo que son eternas e inmutables. Son las progenitoras de las cosas que cambian en el mundo, por lo que el conocimiento debe perseguirlas.

Según Platón, el conocimiento verdadero es sólo el de las formas o ideas (los universales) y este se obtiene a través de una directa e infalible intuición. Se comienza con la percepción de imágenes del mundo sensible, a partir de las cuales se construyen inferencias de sentido común (la *doxa*). Después de estar inmersos en el mundo de las apariencias (*La República, Mito de la Cavena*), algunas y contadas personas son dables a avanzar en el proceso del conocimiento hasta llegar al mundo de lo inteligible (*ideas*). Para esto deben, en primer lugar, razonar sobre la base de las premisas del sentido común con el fin de obtener conclusiones válidas. En segundo lugar, deben alcanzar una "visión" de las conexiones presentes en lo inmutable de las cosas y atrapar así la forma o matriz de ellas (Kerr, D. H. 1981). Dicha visión tiene que ser un proceso de recordación de una vida experimentada por el hombre antes de nacer en este mundo (Yukawa, H., 1967).

Con Platón, adquiere carta de ciudadanía la creencia de que el conocimiento existe en el mundo de manera independiente de la actividad y la necesidad cognoscitiva cambiante del ser humano. Queda claro que si existe un lugar en el cual están todas las respuestas, incluso a las preguntas que aún no han sido formuladas, el problema, la preocupación racional se reduce a encontrar el camino seguro que conduce a ese privilegiado lugar, la fuente de la sabiduría. Esto es, todo queda restringido a una cuestión de *método*, de pasos articulados para descubrir o encontrar ese conocimiento deseado. El idealismo platónico se sitúa entonces en una posición anticonstructivista.

Para los platónicos, el conocimiento no se funda en la percepción sensible. Esta sólo ofrece la ocasión para que el alma recuerde algo que ya ha existido con anterioridad en ella, es decir, un conocimiento supratemporal y racionalmente válido. Tal interpretación del conocimiento como un *recuerdo*, pone en evidencia que Platón no admite que la actividad de la conciencia es creadora, capaz de producir sus propios contenidos. Si de alguna forma debe darse al alma el contenido de las representaciones y si las ideas no se ofrecen en la percepción y, sin embargo, las encuentra la conciencia dentro de ella, es claro que las ha recibido el alma con anterioridad (Larroyo, F., 1982).

Tomás de Aquino dirá, posteriormente, que el proceso del conocimiento formulado por Platón es propio de ángeles, ya que ellos y sólo ellos, por ser inmateriales, tienen acceso a lo inmaterial de forma inmediata. Los hombres son capaces de conocer lo material por vía de las sensaciones y lo inmaterial por generalización a partir de esas sensaciones (inductivismo). El conocimiento humano es falible pues está conformado por ilusiones, recuerdos errados y mezclas de cosas. Por tanto, el conocimiento sobre el cual la gente basa sus acciones no siempre coincide con la verdad; excepto cuando recibe el conocimiento por la ruta de la revelación divina, y no a través de los sentidos (Kerr, D. H., 1981). Por sobre la crítica, no se comprende que hay educadores que creen en la mayéutica.

Los sofistas

Es poco lo que se sabe de ellos, por la actitud que se generó en su contra con el fracaso de la democracia, de la cual eran defensores, y cuya influencia fue eliminada sistemáticamente por Sócrates y Platón, defensores de la aristocracia. La tarea de los sofistas fue la búsqueda de un nuevo orden y sentido de la vida social y política, su filosofía es del hombre y de la sociedad, con unos discursos que perseguían demoler los prejuicios, así como relativizar y criticar el pensamiento dogmático (Torrado, P., Rafael Eduardo, 1992).

Entre los principales sofistas se hallan Protágoras y gorgias, en quien la influencia de Jenófanes parece no ser improbable. Estos hombres de formación intelectual sólida, con experiencia política y cuyas enseñanzas iban dirigidas a la formación integral del ser humano, fueron considerados por Platón contrarios a su teoría política aristocrática, de ahí sus esfuerzos por demeritarlos (Popper, K., 1985). Ellos combatieron el inmovilismo de Parménides.

Protágoras (Abdera, 485-410 a.c.), influido por Heráclito, estaba de acuerdo con la perpetua fluencia de las cosas, por lo que era imposible conseguir una verdad universal y absoluta para todos los seres humanos. La teoría del conocimiento por él propugnada, gira en torno al aforismo "el hombre es la medida de todas las cosas; de las que son por el modo en que son, de las que no son por el modo en que no son". A ella habría que agregarle el siguiente: "El alma no es otra cosa que los sentidos". Apostado sobre sus aforismos, pensaba que siendo los sentidos la autoridad infalible y puesto que no todos los hombres tenían la misma experiencia de las cosas, la realidad no tenía una sola faz, por lo que no era dable un solo argumento, una única descripción. Cualquier intento de unificación aludiendo a una supuesta universalidad tenía propósitos de dominación.

Protágoras niega al pensamiento cualquier superioridad sobre la percepción y sustenta la identidad psicológica entre el pensar y el percibir. Así, pues, la conciencia no puede darse sin contenido alguno. Por tanto, la percepción es el conocimiento adecuado de lo percibido, pero nunca de las cosas mismas. El hombre no conoce las cosas como son, sino como son para él y sólo para él en el momento de la percepción: son en cada instante como él se las representa (Larroyo, F., 1982).

Con Protágoras, se inicia el movimiento de las concepciones alternativas y se afirma la idea de Jenófanes de que en todo momento coexisten, en competencia, estructuras conceptuales y metodológicas sobre lo mismo, sostenidas por las distintas comunidades o fracciones en que se divide la sociedad, desde el punto de vista ideológico o de las creencias y suposiciones básicas sobre la naturaleza de la realidad y su funcionamiento, teniendo cada una desde sus propios ordenamientos, una serie de éxitos relativos que constituyen parte de los fundamentos que las avalan. Con otras palabras, en cada época dentro de una comunidad, los miembros que la conforman elaboran en el seno de sus tradiciones ideas distintas sobre lo mismo, las cuales se disputan la primacía o dominancia, usándose para tal efecto distintos tipos de argumentos válidos. Desde la propuesta de que la realidad no posee una sola faz, el sofista apuntala la posición liberal que admite la disidencia ideológica. Y fue precisamente esto lo combatido por Platón, pues atacaba los principios absolutistas de su *república* filosófica.

La máxima de que el ser humano es la medida de todas las cosas no constituye un criterio de verdad general, ya que varía en cada quien según sus circunstancias, tiempo y lugar. Protágoras considera que aquello que es afirmado en un momento, tomando como patrón al hombre que emite el juicio, es siempre verdadero para esa circunstancia, tiempo y lugar. La crítica de Protágoras, desde un punto de vista sensualista, se dirige contra todos los que pretendían verdades invariables y universales, especialmente contra los geómetras, sobre cuya manera de pensar y concebir la realidad se basó Platón.

En todo caso, los sofistas impulsaron el proyecto para diseñar y poner en práctica el arte de probar y refutar. Protágoras escribió un tratado: *Sobre el arte de refutar,* y formuló la ley de los juicios contradictorios, puntualizando que para cada cuestión podían darse dos proposiciones en pugna (Larroyo, F., 1982). Esto podría considerarse un antecedente de los "paradigmas en competencia" que formuló T. S. Kuhn.

Los sofistas son considerados, a veces, los primeros escépticos. Según ellos, el sujeto únicamente puede aprehender el objeto del conocimiento en forma relativa y cambiante. No hay, por consiguiente, saber firme ni puede encontrarse nunca una opinión en absoluto segura. No existe una verdad universal ya que cada hombre posee la suya. Quien crea tener en su haber la verdad absoluta es, por principio, un dogmático. Aquellos que piensan en la necesidad de seguir investigando son escépticos o, en última instancia, sofistas, en el sentido original que este vocablo tuvo antes de ser demeritado por Platón. Las concepciones de los escépticos serían muy actuales si hubieran establecido que el objeto del conocimiento es una construcción del intelecto en el proyecto de saber para el dominio y control de la realidad, pues de otra manera el ser humano no está en condiciones de garantizarse la existencia ni acceder a ninguna actuación experiencial. Además, que la formulación del objeto siempre se hace desde un saber que se cree rectificable en la medida del desarrollo del proceso de conocimiento, lo cual conduce a la transformación del mismo objeto.

Después del cambio ocurrido en las ciencias experimentales a finales del siglo pasado y comienzos del XX, Protágoras habría dicho que el objeto del conocimiento cambia, evoluciona y se diversifica en la construcción de nuevas miradas, nuevas estructuras conceptuales y metodológicas que dan origen a otros programas de investigación científica y tecnológica. Que esas evoluciones y transformaciones obedecen a las ambiciones e ideales intelectuales de los miembros de la comunidad (Toulmin, S., 1977), y que los conducen a revisar el *núcleo firme* y su nicho de suposiciones y creencias básicas (Lakatos, I., 1983) en persecución de imagen y prestigio. Ese cambio histórico al que se ha hecho alusión, precisó que la mecánica de Newton y la geometría euclidiana-arquimediana poseían espacios restringidos de validez, que eran ciertas y admisibles dentro del contexto delimitado en el cual funcionaban y eran útiles. Había otras regiones del pensar-actuar científicos con sus propias reglas de admisión y validez, para las cuales no servían esa mecánica y esa geometría.

Una de las acusaciones de los dogmáticos a los sofistas y escépticos era la de su relativismo, que conduce, por una parte, al escepticismo radical y, por otra, en forma supuesta, a una inestabilidad conceptual, metodológica e ideológica, peligrosa para la conformación de cualquier proyecto político. Como se sabe, todo escepticismo radical y todo relativismo surgen de una actitud escéptica frente al problema de la seguridad del conocimiento. Y Protágoras con su "el hombre es la medida de todas sus cosas..." manifiesta un relativismo subjetivista, una línea de pensamiento que se articula con la milenaria insistencia en los obstáculos que se oponen a que se dé un conocimiento seguro. Si este último existiese (puro y completo), no habría cambios en el contenido del conocimiento humano a lo largo de la historia (Ferrater Mora, J., 1969); las ciencias y las tecnologías no evolucionarían y se tendrían siempre los mismos y únicos paradigmas, careciendo de sentido cualquier disertación sobre la evolución y el progreso en estas áreas de la cultura.

El relativismo subjetivista es comprensible en cuanto a Protágoras se refiere, por el hecho de que el pensamiento griego no se preocupó por los aspectos técnicos de la reflexión sobre la naturaleza: era una sociedad esclavista. Ese relativismo subjetivista se atenúa cuando, como ocurrió a partir de Galileo, se realiza una imbricación entre lo científico y lo tecnológico, con miras a la demostración experimental de las proposiciones y a la aplicación de los resultados al dominio y control relativo de la realidad extrasubjetiva. Ya no se trata sólo de la especulación teórica, sino que ella debe demostrarse tecnológicamente, experimentalmente.

Para Protágoras, la divinidad es una creación de la mente humana, razón por la cual fue procesado bajo la acusación de blasfemia y huyó de Atenas, a donde había sido llamado por Pericles. Se dice que murió ahogado durante una tempestad, precisamente cuando huía de esa ciudad.

Gorgias (483-375 a.c.), para quien explicar y conocer la existencia es imposible, sostiene que el ser invariante e inmutable no existe; que en el caso de que existiera no podría conocerse; y que admitiendo que se conociera, no sería comunicable de una persona a otra. Esta última afirmación plantea el problema de la comunicación humana del conocimiento y abre la pregunta sobre cómo se comunica el saber. Para Gorgias, el conocer es un acto personal que cada cual obtiene en su fuero interno. Es un esfuerzo individual, una elaboración autónoma que supone una concepción previa lograda de la misma manera. Por eso, resulta ingenuo creer que en el acto educativo hay, de fijo, un traslado o entrega de un conocimiento de parte de quien habla (*el profesor*) a quien escucha (*el alumno*) (*Larroyo, F., 1982*). Lo único supuestamente trasmisible es la información, pero quien la decodifica hace sus elaboraciones propias sobre ella.

Para finalizar estas anotaciones sobre el origen y desarrollo del pensamiento constructivista, se recuerda que Renato Descartes, en una carta a Marsenne, sostiene que el ser humano sólo puede conocer aquello que construye (Jaramillo Vélez, R., 1980); algo congruente con su posición de que el acto de la inteligencia mediante el cual al desarmar una máquina se comprende la forma como han sido combinadas sus partes, la estructura y funcionamiento de sus múltiples engranajes, es análogo a aquel mediante el cual la inteligencia comprende la estructura y composición de una ecuación matemática al descomponerla en sus factores (Koyré, A., 1986). El constructivismo empieza a ser mencionado por su nombre.

Hay algo semejante en Hegel, quien en su *Filosofía del derecho* plantea que el ser humano es indefinible e indefinido por principio. Es algo que se va construyendo en sus relaciones de intercambio con el mundo natural y social. En este sentido, nadie nace predeterminado para nada; cada quien se va haciendo y en este devenir influye el medio sociocultural, económico y político, del cual no puede sustraerse. Y habría que señalar, también, algo de constructivismo en Karl Marx, cuando afirma que el mundo del hombre lo constituyen las relaciones sociales en las que él, por intermedio de su trabajo, produce el orden dentro del cual satisface sus necesidades (Landgreve, L., 1969). Se trata de ese mismo ordenamiento para el control, la intervención y el dominio de la realidad extrasubjetiva de la cual se ha venido hablando en las presentes anotaciones.

Capítulo 3

REFLEXIONES ALREDEDOR DEL SABER GEOMÉTRICO

La geometría y representaciones matemáticas del mundo

El lector se preguntará por la necesidad de dedicar un capítulo especial a la geometría. La respuesta parece ser evidente. Todas las teorías de las ciencias experimentales y de las tecnologías, como se sabrá, lo son de simetría, esto es, son geométricas, y las matemáticas se constituyeron en la base del principio de la cientificidad y la logicidad por excelencia. Además, no ha de olvidarse que con Galileo se establece la creencia de que el mundo está estructurado con códigos matemáticos, por lo que para hacer una lectura sistemática del mismo y sus fenómenos, se precisa del dominio de esta ciencia. Y si tales alusiones no bastan, recuérdese que Platón fue un gran admirador de la geometría, tanto que la condición que estableció como fundamento de saber para cualquiera que quisiera ingresar a su academia, era su dominio. Fue amigo de Teodoro, el principal geómetra de su época, y es conocida su amitad con Arquitas de Tarento, un pitagórico. Para Platón como para Pitágoras, el conocimiento de las ideas constituye un mundo aparte, separado del mundo sensible, porque su objeto son cosas inmutables como la belleza y la naturaleza de los dioses.

Se cuenta que los griegos axiomatizaron la geometría práctica creada por los egipcios y los asirio-babilonios, una elaboración exigida para la construcción de templos, palacios, pirámides y, en general, las edificaciones monumentales urbanas. Examinadas esas construcciones, se puede concluir que ellas plasman, en lo concreto, figuras geométricas que no se dan en la naturalidad del mundo, por lo que una primera conclusión ha de hablar en la dirección de ser ellas representaciones elaboradas por el intelecto en plan de actuar en forma práctica en el mundo, bajo el supuesto de una facilidad de manipulación de los materiales; pero esta actividad constructiva, conceptual y metodológica se encuentra en todos los pueblos. Remontándose a la aldea primitiva, el investigador ha de percibir que un bohío cilíndrico de bahareque coronado por un techo de palma, es un cilindro geométrico cubierto por un cono; una elaboración que no puede ser asimilada a una copia o extensión de la caverna, de donde se supone que salió el ser humano en los comienzos de su civilización. La presencia de ese bohío supone ya una representación en tres magnitudes del espacio visual cotidiano, esto es, de una geometrización de la realidad, más un dominio empírico de los problemas de peso y sustentación, sin el cálculo matemático propiamente dicho.

La geometría es considerada como el primer avance auténtico de las representaciones matemáticas que el ser humano elabora del mundo, no así la aritmética, restringida al uso de contar pertenencias. Ella, si se atiende a su origen, se encuentra en todas las culturas, por lo que se puede afirmar que es ésta una de las cualidades de la inteligencia: geometrizar la realidad extrasubjetiva para plasmarla en dibujos y otras formas pictóricas. Los orígenes de la geometría occidental, como ya se dijo, hay que buscarlos en el arte monumental de los egipcios y babilonios, arte dominado por albañiles, topógrafos y carpinteros. Se trataba de una técnica reducida al empleo que le daban dichos artesanos, sin una especulación teórica expresada en proposiciones y teoremas adecuados, a lo cual parece eran indiferentes sus usuarios, de ahí que su avance creativo se haya estancado entre ellos. La denominación de técnica que aquí se da, se conservará hasta los tiempos platónicos, como es deducible de la afirmación de Teodoro, quien abandonó las materias abstractas por el estudio de la geometría (*Platón, Teetetes o de la ciencia*).

Los Egipcios y babilonios, conocían el llamado teorema de Pitágoras en el manejo de una cuerda con nudos, los cuales, distribuidos en forma equidistante, daban la relación 3, 4 y 5 de catetos e hipotenusa en el triángulo rectángulo. La igualdad de la suma de las áreas de los cuadrados construidos con base en la longitud de los catetos, con el área del cuadrado trazado a partir de la hipotenusa fue, según la tradición, demostrada lógicamente por Pitágoras, coetáneo de Jenófanes. Agréguese a lo descrito, que los egipcios como los babilonios habían ya metrizado la longitud, el área y el volumen, mediante el procedimiento de la equidescomposición (Gorgorio, S.N., 1987), y esto, especialmente, en rectángulos y cubos, porque la solución para el círculo y los sólidos cilíndricos requería del paso al límite, lo cual fue iniciado por Arquímedes, sobre un proceso racional constructivo que partía del problema teórico-práctico de la *cuadratura del círculo*.

La axiomatización de esa geometría práctica, emprendida por los griegos, tiene sus puntos culminantes, por una parte, con Euclides y sus *Elementos* y, por otra, con las preocupaciones métricas y mecánicas de Arquímedes y Apolonio. La obra de Euclides, de la cual el mundo obtuvo la idea de la demostración matemática y la organización lógica de dicho cuerpo de conocimientos, fue un fallo pedagógico (Kline, M., 1974). La razón de dicha afirmación se debe al convencimiento de que contribuyó a la formación de una idea estrecha sobre las matemáticas, no sólo en cuanto a que sembró la creencia de que eran un desarrollo puramente lógico, sino también porque en su organización deductiva, Euclides ocultó el trabajo creativo de las épocas anteriores, eliminándole su naturaleza constructivista. Los profesores de matemática formados dentro de ella no tuvieron acceso a dicha naturaleza.

El entorno sociocultural de la axiomatización

Para entender las condiciones generales que hicieron factible la axiomatización de la geometría práctica, es indispensable ubicarse en el tipo de pensamiento que circulaba entre los helenos y la clase de relaciones que mantenían consigo mismos (concepción de hombre y de entendimiento), con la naturaleza y con la sociedad que habían organizado.

El profesor K. Popper (1985) considera que el surgimiento de la filosofía misma puede ser interpretado como una reacción ante el derrumbe de la sociedad tribal y sus convicciones míticas. Si se parte de las condiciones sociopolíticas dadas en el siglo VI a. c., se encuentra que Grecia era un conglomerado humano plural que habitaba en pequeñas áreas de cultivo y con centros urbanos mejor comunicados por mar que por tierra, ante todo con la orilla asiática (Jonia), con la Magna Grecia siciliana y con el sur de Italia. Hacia el siglo X a.c., empieza a formarse el pueblo griego de la mezcla de diversos grupos humanos que van llegando al extremo oriental de lo que hoy es Europa, a las islas circunvecinas y al extremo occidental de Asia, de tal modo que nada es originario, sino traído por los pueblos inmigrantes (Torrado R., Rafael Eduardo, 1992).

En el siglo VI a.c., sostiene Domingo Plácido Suárez (Lucrecio, 1968), las comarcas más progresistas eran las del Asia menor, en las cuales la aristocracia se había liberado del estrecho círculo y de la mentalidad de los propietarios de tierras, y se habían dedicado al comercio convirtiéndose en aristocracia mercantil, dadas las facilidades comunicativas. Los intercambios comerciales con el Oriente favorecieron la mezcla de ideas y culturas que condujo al planteamiento de problemas para cuya solución no eran válidos los argumentos mitológicos. Se despierta, entonces, el interés por la astronomía (astrología) y la geometría, conectado con las necesidades del comercio de ultramar, la navegación, la agricultura y la construcción. En este contexto sociopolítico y económico nacen y se desarrollan Tales, Anaximandro, Anaxímenes, Pitágoras, Jenófanes, Parménides y Heráclito. La apertura ideológica y económica producirá el nacimiento de la prehistoria de las ciencias experimentales.

Como consecuencia del desenvolvimiento del comercio y la competencia, dice Domingo Plácido Suárez, se desarrollan las fuerzas productivas que darán al traste con los restos del sistema tribal, precisamente porque la aristocracia jónica, abierta a las influencias del mundo exterior, abandona tal sistema y centra su preocupación en la evolución y en el cambio hacia la multiplicidad, lo que resulta contrario a la estructura tribal y mítica, fundada sobre la unicidad y la tradición inmodificable. En general, hacia el siglo VII a.c., se empieza a producir una revolución epistemológica en la naciente sociedad griega, debido a los cambios en la producción, el comercio, la cultura y en toda la vida social, de modo tal que se genera una nueva conciencia histórica. El hombre *culto* de las ciudades-estado empieza a relativizar y a desplazar los mitos, a buscar una mayor autonomía y dominio frente a la realidad y a ejercitar su propia reflexión. Se opera de esta manera el paso del *mithos* al *logos*, como búsqueda, a partir del hombre mismo, de explicaciones directas de la realidad, controladas racionalmente y expresables en un lenguaje cada vez más riguroso (Torrado R., Rafael Eduardo, 1992).

Es destacable en ellos el esfuerzo por crear un modelo social racional y justo, donde la justicia no fuese dictada en virtud de misterios precedentes que los nobles tenían el privilegio de conocer e invocar (Cohen, R., 1985). Esa convicción los movió a centrar sus reflexiones en la *ley* (*nomos*) mediante la razón, para vivir bajo ella y no estar sometidos a la voluntad y a los caprichos de los dioses o de un rey. El soberano será para ellos un ente abstracto, la ley, creada y respetada por todos. Se trata de alcanzar una concepción adecuada de la *polis* y su naturaleza, como encarnación de los valores y del sentido de la existencia, concreciones de la madurez de una conciencia social y política a la cual había llegado la mente helena, como consecuencia del desarrollo de las fuerzas productivas.

En cuanto a las inquietudes teóricas relativas al universo material, en relación estrecha con la vida comercial y política, basan la actividad intelectual sobre la constitución de la naturaleza en discursos que hilvanan utilizando o adaptando el lenguaje propio de las actividades productivas. Así, por ejemplo, Anaxímenes emplea el vocabulario de la industria del fieltro, en la cual se ocupaba, a partir de cuyos procesos construye sus ideas sobre los principios del mundo (Plácido Suárez, D., 1968). Es, pues, la actuación material del ser humano sobre la realidad extrasubjetiva, el punto de iniciación y referencia para el pensamiento científico en su prehistoria.

Para resumir, la industria, la agricultura y el comercio produjeron el cambio social y despertaron las ambiciones y los ideales intelectuales que impulsaron la necesidad de fijar la atención en los cambios que ocurrían en la sociedad y en la naturaleza, en el paso del día a la noche, en las estaciones, las lluvias, etc., con el fin de crear una contemplación y una teoría *objetivas* que excluyeran las ideas míticas del contemplador y se pudieran así formular las razones del cambio y de las variaciones observados. El cambio y sus razones constituyeron el problema que unió *physis* y *logos* para hacer de la mirada sobre el mundo una concepción racional. Surgió la *physiología* presocrática. *Physis* será para ellos armonía; *taxis*, buen orden, cosmos, orden bello y organización. No será azar. Es universalidad, principalidad, fecundidad, armonía, necesidad, razonabilidad e inteligibilidad. Es principio y fundamento de la realidad y, por consiguiente, generación. "Todo lo que nace y acontece ocurre conforme a razón", escribió Heráclito (Laín Entralgo, P. y López Piñero, J. M., 1963).

La *physis* es la causante de la antinomia entre ella como fondo universal, generadora de todas las cosas visibles, y la multiplicidad de las mismas cosas. Un problema que resolvieron en su momento al admitir que la *physis* estaba constituida por una serie limitada de elementos, constantes y diversos entre sí, o por un número ilimitado de elementos iguales y diversamente ordenados. Esos elementos serán las verdaderas cosas, en oposición a las falaces y mudables de la vida cotidiana, del espacio visual (Laín Entralgo, P. y López Piñero, J. M., 1963).

Llama la atención, desde el punto de vista político, la preocupación de los filósofos griegos por el problema de lo diverso y de lo único, la realidad última de las cosas y la del mundo cotidiano, siempre cambiante. Una hipótesis atractiva quizá se halle en su historia, dada la necesidad de organizar su unidad como pueblo en el seno de la diversidad que eran las distintas ciudades-estado, si es que estas categorías caben en el análisis. En efecto, ellos en vez de resolver sus querellas, vivieron en una situación de continua disputa: los conflictos entre las *polis*, que los condujeron al fracaso de sus proyectos políticos, a pesar de los esfuerzos de Heráclito por establecer una unidad que respetara la diversidad.

En el período helenístico, se dan las guerras médicas que van desde el 547 hasta el 479 a.c. Tales de Mileto, ante la amenaza de los persas, aconsejó a los jonios que se unieran en una especie de Estado federativo; también ayudó al ejército lidio de Creso a cruzar el río Halis en el 546 a.c., dividiendo en dos su cauce. De Tales de Mileto se dice que fue el primer filósofo que estuvo conciente de su compromiso político, y trabajó, conceptual y metodológicamente, por su concreción. Como *physiólogo*, él acepta la diversidad; esto explica su creencia de que la federación era la forma de lograr la unidad frente a los enemigos.

Con la expulsión de los persas, vienen treinta años de tranquilidad en Atenas, período que constituye la denominada Edad de Oro griega, que coincide con el gobierno de Pericles. La victoria fue posible gracias a la unidad de las armas helénicas, pero ella no tardó en romperse, y se desata la guerra del Peloponeso, en el 431 a.c., entre la liga espartana y el imperio ateniense. La llamada tiranía ateniense era justificada por Pericles, como un medio para salvar el mundo griego del miedo y de la necesidad. La guerra duró ocho años y se reanudó después en el 415, continuando hasta el 404, año en el cual Atenas capitula, en parte debido a la guerra intestina maquinada por los aristócratas. En el 338, con la batalla de Queronea, Filipo de Macedonia obliga a los griegos a constituir una liga federal. Este acontecimiento señala el final de la época helenística. El individualismo ferviente que los impulsaba a tan brillantes esfuerzos creadores, les impidió ver la necesidad de construir la cooperación (Cohen, R., 1985). Incapaces de encontrar una solución a la anarquía, sucumbieron y fueron absorbidos, primero, por Macedonia y luego, por Roma. Vendrá, después de muerto Alejandro Magno, el florecimiento de Alejandría, donde descollaron Euclides y Arquímedes, el siracusano. La teoría de la unicidad y universalidad del Ser, así como la de la unidad de

los contrarios, no les sirvieron para consolidar un proyecto histórico social permanente.

El constructivismo de la axiomatización

Retomando el hilo, los fundamentos filosóficos sobre los cuales
es posible este hecho de la inteligencia griega, se encuentran en el
interés, la actitud y las ambiciones intelectuales vitales del pensamiento helénico en relación con los distintos proyectos políticos que organizaron. Después de muchas disquisiciones, en las
cuales participaron a su manera todos los intelectuales que en
Grecia brillaron, es impuesta una creencia básica con respecto a
la verdad: esta es unitaria. Y no podría ser de otra manera, dadas
las necesidades sociales y políticas. Frente a los enemigos, los
griegos requerían la creación de una teoría unitaria de la verdad,
con la esperanza de que una vez establecida y aceptada por todos,
fuera posible la anhelada unidad por encima de la diversidad que
los caracterizaba.

Promulgarán y enseñarán, entonces, que la verdad en la multiplicidad de las cosas del mundo visual no puede ser sino una, y la
función del conocimiento consistirá, por tanto, en apoderarse de
alguna manera de esa verdad unitaria (García Bacca, J. D., 1944).
Como en el campo de la política la estrategia era producir la
verdadera unidad del pueblo griego, había que construir unos
argumentos que aseguraran la creencia en una verdad única, de
ahí que concluyeran que: la verdad, que es una, se halla en el ser
de las cosas, porque el Ser y las maneras de Ser son de ellas: la
verdad es propiedad del *Ser* y el *Ser* de cada cosa es uno y, por
consiguiente, el conocer tiene que ser una identificación con ese
unitario Ser de las cosas, cuando no está patente o manifiesto.

Ideológicamente, o como núcleo necesario de creencias y suposiciones, habría que establecer que de eso justamente se trataba.

La afirmación anterior, por una parte, parece remitirse a la problemática sociopolítica que siempre los acosó. La unidad se halla en la interioridad del Ser de ser griego, y esta es la verdad, ya que el Ser del griego y las distintas maneras de ser griego son propias de ellos, sin importar donde se encuentren. Esta verdad es lo que los hace ser en su propiedad y el Ser de cada griego es uno, por lo que la tarea es identificar, reconocer esa unidad de lo griego, aun cuando no esté patente ni manifiesta. La unidad política sólo es factible en el reconocimiento del Ser del griego.

Aunque parezca que la creencia en una verdad unitaria y su conocimiento, también único, remita a una búsqueda del ser humano por fuera de la naturaleza; en la realidad extrasubjetiva, el referente presentado muestra un llamado a todos los griegos a encontrarse en su interioridad como tal (la subjetividad), y a estudiar la praxis en la cual la multiplicidad los disgregaba e impedía la unidad anhelada. Se entiende, y es lógico, una praxis derivada de esa subjetividad, por lo que el conocimiento debía abarcar ambos componentes, como autoconstitutivos en su dialéctica. Los griegos entendieron que el conocimiento tenía, además de una utilidad individual, una función política.

El continuo razonamiento y debate, obligados por las exigencias anotadas, se plasmó en las siguientes conclusiones (García Bacca, J. D., 1944):

a. Las cosas o seres sólo pueden ser griegos, y para serlo verdaderamente tienen que pertenecer a la unidad política, donde se da el espacio para manifestarse como son.

b. El modo como las cosas pueden descubrir o manifiestar sus propiedades es también único y no puede cambiar el tipo de

100

manifestación, aun cuando estas puedan estar en diversos estados, siendo su Ser en esos estados el mismo, y tal unicidad en el Ser y variedad de los estados hace posible la multiplicidad del mundo visible. El modo como el griego descubre y manifiesta su cualidad es único y no puede cambiar sus formas de ser y actuar incluso cuando se encuentre en distintas situaciones, en medio de otros pueblos, dado que su Ser es siempre el mismo.

c. El modo como las cosas se manifiestan al conocimiento inteligible es también unitario, porque el Ser sólo puede ser de una única manera (verdad ontica) y el Ser sólo puede mostrar al entendimiento lo que es de una sola manera (verdad ontológica) (García Bacca, J. D., 1944). Los geómetras tuvieron esto como suposición y creencia básica y no tuvieron otra posibilidad que seguir y aplicar dicha conclusión.

Frente a los persas y a otras naciones, el griego y su comportamiento no podía ser leído sistemáticamente de otra manera, por muchas artimañas y disfraces que esgrimiera y usara; al entendimiento de los otros se mostraba de una sola manera, por lo que no poseía otra opción vital que reconocerse como griego y vincularse al proyecto político de la unidad dentro de la diversidad que constituían.

Dado que históricamente la unidad permanente no fue posible, las proposiciones se desprendieron del propósito para el cual se formularon y se convirtieron en un ejercicio intelectual independiente de su contexto que, como tal, fructificó en el desarrollo de la geometría. Recuérdese que Alejandría, donde fue profesor Euclides, brilló cuando Grecia ya prácticamente dejaba de existir. La libertad nacional murió en Queronea, en el 339; Alejandro Magno conquistó Grecia y Asia en diez años y, en el 323 a.c., murió. Sus sucesores, después de veinte años de guerras, se repartieron el mundo al día siguiente de la batalla de Ipso; Roma estaba ya lista para hacer su entrada en el Mediterráneo Oriental (Nizan,

P., 1971). El Museum, pieza principal de la biblioteca de Alejandría duró doscientos años, del 300 al 100 aproximadamente, época durante la cual la ciencia derivada del pensamiento griego brilló y tuvo gran vigor. Este período produjo tres matemáticos y tres astrónomos de reconocida categoría (Hull, L. W. H., 1962).

Para comprender ese brillo y vigor aludidos, se afirma que la geometría y la astronomía concretan en sus elaboraciones la triple unicidad de la cual se ha venido hablando: la del Ser, la de la verdad ontica y la de la verdad ontológica. Particularizando en la matemática, esta es la estructura mental que posibilitó la axiomatización de la geometría práctica que hicieron los griegos. Pero no es casual que dicha ciencia se haya desarrollado a la par con la astronomía. La frustración política que condujo al conocimiento *per se* idealizado, quizá sea el origen de un desplazamiento hacia la idea de la divinidad del trabajo de los geómetras, combinada con la influencia órfica de la cual bebió Platón. Por eso, no intentaron *aplicar* esos conocimientos al entendimiento de la naturaleza y no fueron capaces de desarrollar una física-matemática y una tecnología, tal cual se conocen. Desde el punto de vista de Platón, los objetos de la geometría poseen una realidad más alta que los del mundo sensible o, según Aristóteles, sólo tienen un ser *abstracto* en tanto que son objetos puros del pensamiento, por lo que resultaba un contrasentido aplicar la geometría al estudio de la naturaleza, pues en ella no había círculos, elipses, triángulos o líneas rectas. Por el contrario, en los cielos la situación era totalmente distinta ya que los movimientos absoluta y perfectamente regulares de las esferas y de los astros tenían lugar de acuerdo con las proposiciones y teoremas de la más estricta geometría (Koyré, A., 1986). Habrá que esperar hasta Galileo, quien dirá que el libro de la naturaleza está escrito en lenguaje matemático, cuyas letras son triángulos, círculos y otras figuras geométricas (Laín Entralgo, P. y López Piñero, J. M., 1963), lo que significará una revolución epistemológica.

Como se sabe, en cierto sentido son los primeros filósofos griegos quienes le dan máxima prestancia al pensamiento conceptual, ya que la razón, el *logos*, es la única capaz de conocer. Entre los pitagóricos, quienes siguieron al pie de la letra este principio, el conocimiento es determinación conceptual matemática. Para Filolao, por medio del número es factible conocer la esencia de las cosas, es decir, se forma una idea de ellas en la medida en que se da una determinación matemática. Pero como tal exigencia sólo podría ser satisfecha plenamente en el mundo perfecto de las constelaciones, concluyeron que la ciencia únicamente tiene que abarcar el reino del orden y la perfección, y que para el mundo de lo imperfecto, del cambio desacompasado, a la tierra sólo podía caber el arte empírico (Larroyo, F., 1982) y la doxa.

Regresando al análisis que se traía, es claro que las preguntas por las características invariables que permanecían por debajo de la multiplicidad de las cosas y acontecimientos del espacio visual, cuyas respuestas permitieron obtener conclusiones válidas dentro de la mentalidad en la cual se movían y que centraron la atención de los matemáticos geómetras, fueron probablemente: ¿Se manifiestan dichas características en las construcciones geométricas que es posible extraer de dicha multiplicidad? ¿Son acaso esos constructos los cuerpos simétricos sencillos, esto es, los sólidos regulares? ¿Son las figuras geométricas la razón de ser de lo manifiesto en el campo visual? Habría que agregar a lo anterior la confianza que producía el hecho de que el actuar constructivo en el arte monumental producía objetos reales, los cuales no hacían otra cosa que concretar en sus estructuras los esquemas geométricos.

Se entendió que tal construcción en su diversidad de formas no era dable sino mediante la representación mental que producía esquematizaciones traducibles en la elaboración de figuras geométricas. Y esas figuras eran representaciones de una realidad supuesta, desde un marco que geometrizaba el mundo para actuar constructivamente en él. Por consiguiente, se convirtieron las figuras geométricas en objetos de conocimiento, focos de reflexión cognoscitiva, temas de investigación, espacios de fenomenologías circundados por varios límites (líneas), campos cerrados de propiedades matemáticas que, por tal atribución, serían considerados dignos de la ocupación intelectual. Además, no requerían de trabajo mecánico ni de arte manual, apropiados para los esclavos.

Al traer a cuento las figuras geométricas y los sólidos regulares, es indispensable volver a los pitagóricos para entender el entronque con esa posición ideológica que olvidó las bases constructivistas de la geometría práctica de los babilonios y egipcios y creó una ciencia *extramundana*, rondeándola de misticismo y atribuyéndola a una especie de revelación divina dada a los seres humanos que participaban de dicho privilegio. Sin lugar a dudas, este fue un recurso explicativo para justificar el alineamiento de los pitagóricos al lado de la aristocracia y, de paso, para negar al hombre la cualidad de ser el constructor de las ideas y del orden social, cultural y económico. Hicieron, por tanto, de la geometría un saber de y para iniciados, hombres elegidos por la divinidad para tal efecto. No se olvide que los griegos eran racistas y esclavistas y que consideraban a todo aquel que no hablaba su lengua, bárbaro.

Los pitagóricos, además de los números, se enamoraron de los sólidos regulares, esos cuerpos limitados por caras planas, polígonos regulares que tenían en sus vértices igual número de caras y, por consiguiente, representantes de la armonía de la regularidad perfecta. Por otra parte, cada polígono es una figura plana limitada por líneas rectas (que no existen en la materialidad del mundo) y es regular cuando todos sus lados tienen la misma longitud y todos sus ángulos son iguales. La regularidad y la igualdad cimentarán el concepto de simetría (la proporcionalidad armónica de las partes), la cual como "en la proporción perfecta", era tema de escultores y arquitectos.

La triple unicidad, del Ser, de la verdad óntica y de la verdad ontológica, condujo a plantear que: a) el centro del conocimiento se halla en las figuras geométricas y el Ser y la manera de ser les pertenece; b) las diversas figuras geométricas sólo pueden ser lo que son de una única manera y el modo como manifiestan sus propiedades es también unitario, por lo que sólo pueden estar en un único estado geométrico; c) las verdades geométricas son unitarias, pues el Ser de los objetos geométricos no puede estar en diversos estados y, por tanto, la manera como manifiestan su verdad dichos objetos es también necesariamente unitaria (García Bacca, J. D., 1944).

El posicionamiento en la triple unicidad les permitió desarrollar su geometría, pero a la vez les impidió ver que eran posibles otras. Desde el contexto social, político y cultural, desde su vida mental y la praxis correspondiente, se comprenden las razones por las cuales no hayan sido capaces de producir sino una única geometría, pues el núcleo básico de sus creencias y suposiciones los cegaba a la admisión de construcciones distintas. De hecho, para tal efecto se requería de otras condiciones que generaran problematizaciones de distinto orden, de otro proyecto social y político que reclamaría conceptualizaciones y metodologías diferentes. El fracaso que los griegos tuvieron en el campo de su ansiada unidad, llevó a sus figuras preclaras a la conclusión inevitable de que no había nada más que hacer, que no existía una conexión real entre el pensar riguroso y el actuar político. Como se sabe, cuando Platón da a conocer su propuesta (*La República*), Grecia como proyecto queda reducida a una mera ilusión.

Por tanto, para los matemáticos geómetras el entendimiento humano es pasivo frente a la verdad de los objetos geométricos y al Ser de ellos; son impuestos al entendimiento, y dicha verdad no se presenta a ese entendimiento sino de una única manera, por lo que no hay otra salida El intelecto no puede ver sino una sola verdad y, por tanto, la actividad intelectual sólo podrá formular un único sistema de axiomas. La capacidad comprensiva de la mentalidad griega estará, por consiguiente, reducida a reproducir las mismas cosas, entre ellas, las que manifiestan los objetos geométricos. Ocurre algo similar en la actividad docente signada por el transmisionismo repeticionista: construir otras verdades y otros axiomas es imposible. Hay que limitarse a repetir un conocimiento acabado, absoluto y establecido de una vez y para siempre.

Un paso adelante lo va a dar Euclides en Alejandría; y este personaje parece no ser exactamente griego, ya que se dice que tenía sangre fenicia (Hull, L.W.H., 1962). Él introduce los postulados, que son originalmente de carácter constructivo, un proceso, lo que se hace necesario cuando el conocimiento no trabaja con lo visible y formulable directamente en proposiciones que son ciertas de manera evidente, por lo que es indispensable agregarles unas reglas de construcción. Así pues, los axiomas geométricos son necesariamente postulados (algo que pide permiso para ser enunciado), cosas no evidentes que tienen que ser construidas según normas, para que el entendimiento pueda comprender y formular después en proposiciones. Hay entonces una preeminencia de la construcción sobre la intuición, y una vez que la acción constructiva hace las cosas, viene la definición que da por hecha la cosa construida (García Bacca, J. D., 1944).

Escépticos y estoicos

La posición constructivista de Euclides fue posible gracias a las formulaciones de escépticos y estoicos, cuyas discusiones y propuestas epistemológicas le permitieron darse cuenta de que ciertas proposiciones no eran de por sí suficientemente claras, evidentes, de ahí que concluyera la necesidad de elaborar postulados que exigían unas normas de construcción.

Tanto los unos como los otros, en un lenguaje vulgar, fueron "la piedra en el zapato" de la seguridad dogmática de los "filósofos oficiales" y los geómetras anteriores. Ya se ha hecho alusión a los primeros, por lo que aquí sólo se habla de los segundos. Los estoicos, partidarios de la doctrina filosófica de Zenón de Citia y sus discípulos, siglo IV a.c., afirmaban que los únicos entes naturales eran los cuerpos en los que la fuerza era inseparable de la materia. Esa fuerza o tensión era la causante del movimiento y de la armonía. Su moral era consecuente, ya que se basaba en el esfuerzo para alcanzar la virtud, la cual consistía en vivir con la naturaleza, es decir, conforme a la razón, resignándose a los mandatos del destino. La idea de que el ser humano no es constructor de su propia historia, sino que está sometido a los avatares de la vida, es la negación de la libertad y el libre albedrío.

Escépticos y estoicos importunan la seguridad del pensamiento griego, sobre todo en lo tocante a la verdad y al Ser. Y es aquí donde comienza la actitud no dogmática que caracteriza a la epistemología constructivista. En efecto, podría ser cierto (porque así lo creía la mayoría) el postulado de que cada cosa tenía un Ser, fuente de todas sus propiedades y manifestaciones, y que cada cosa manifiesta lo que es de una única manera, pero por eso no se llegaba a la necesidad lógica de que el ser humano estuviera condenado a afirmar, en forma de proposiciones, tal verdad o negarla de la misma manera. La adecuación del entendimiento con esa verdad supuesta no era algo indispensable, ya que estaba supeditada a un acto libre y espontáneo del mismo. Los escépticos y estoicos empezaron entonces a divulgar que la verdad o la falsedad eran sólo pretextos para que se afirmara o negara, para estar de acuerdo o en contra, y no causas necesarias de la afirmación o de la negación, sin considerar que el entendimiento tenía que afirmar la verdad dando forma de proposiciones afirmativas a sus elaboraciones sobre las cosas, y que tenía que negar lo falso usando el mismo procedimiento (García Bacca, J. D., 1944).

Ellos hicieron notar que las verdades y los seres eran una operación del entendimiento en plan de formular una actuación racional frente al mundo, de ahí que por muy manifiesta que se hicieran sus esencias y propiedades, no podían esas cosas obligar al entendimiento humano a afirmarlas o a negarlas, mucho más si eran constructos de unos para los otros con una finalidad política, por lo que podía el entendimiento abstenerse de negar o de afirmar, operaciones en las cuales estaban encerrados los esclavos mentales. Ningún individuo debía dejarse seducir por ese brillo acordado del Ser y de la verdad, propuesto por quienes querían imponer un orden y una unidad desde sus particulares presupuestos conceptuales y metodológicos.

Esta conclusión, por otra parte, implicaba abogar por el reconocimiento de la pluralidad y de la diversidad que se hallaba en la base misma de la constitución del mundo. Si se aspiraba a la unidad, ella debía ser organizada sobre construcciones que partieran de la diferencia y aceptaran la natural tendencia al fraccionamiento propio de la identidad de las etnias y comunidades. Por eso, los estoicos y escépticos fueron los primeros que propugnaron por una actividad mental constructora, por un salirse del sometimiento y de la actitud contemplativa y, por consiguiente, dieron el paso hacia la construcción de una lógica formal que liberara al entendimiento de tener que afirmar proposiciones explícitas, es decir, de la sumisión a la intuición. Sus planteamientos constituyeron un gran avance en la formulación del problema del conocimiento, y fue así por cuanto se atrevieron a romper la triple unicidad y separaron la verdad óntica (existencia del Ser) y la verdad ontológica (conexión entre la vida mental y los objetos) (García Bacca, J. D., 1944).

No obstante lo anterior y dadas las condiciones ideológicas imperantes, la incidencia de escépticos y estoicos no fue suficiente para que se diera un cambio conceptual y metodológico radical en la generalidad del pensamiento griego. Primero, por el dominio de Platón, y después, por el de Aristóteles y los padres de la Iglesia. El eje de la construcción geométrica continuó siendo la superficie, como lo primeramente visible de las cosas, lugar donde aparecen las figuras, donde son construibles puntos, líneas y cuerpos (sólidos regulares). Ese pensamiento visual que afirma que todo lo que es representable mediante polígonos es lo que verdaderamente existe, continuará hasta Descartes. El temor a lo infinito y a lo no delimitado, aquello que se les saliera del dominio y del control, seguirá siendo para el heleno clásico el nicho conceptual de su quehacer geométrico.

José Babini (1966) al analizar los aportes de Arquímedes (Siracusa, 212 a.c.), dice que continúa rigurosamente el método de Euclides, fijando los postulados a los que siguen los teoremas cuidadosamente construidos y demostrados mediante triángulos, planos, círculos y conoides. La diferencia radica en que se propone una geometría métrica con el fin de determinar medidas de distancias, áreas y volúmenes, dándolas por equivalencia de figuras, una de las cuales es conocida a través de una proporción de la que se conocen tres términos. El constructivismo de Arquímedes, radica en la aproximación a lo que hoy se llama "paso al límite" por la explotación creativa del método de exhaución, por una parte, y, por la otra, al intentar captar las cuestiones matemáticas mediante medios mecánicos, advirtiendo que no se trata de una verdadera demostración y que lo realizado sólo tiene apariencia de verdad.

En efecto, en la etapa final de su método recurre a construcciones (las figuras planas se componen de cuerdas, los sólidos de secciones), que no tienen apoyo matemático, pues no se deducen de los postulados, ni tampoco apoyo material porque viola la ley de la homogeneidad al equilibrar segmentos con figuras planas, secciones planas con sólidos. No obstante estas incongruencias, los resultados que obtiene son correctos. Arquímedes, en cierta medida, se libera y hace caso omiso de sus incongruencias lógicas y fija su atención sólo en su plan constructivo.

De Descartes a Kant

El paso que va a robustecer al constructivismo lo va a dar R. Descartes, a quien se le considera el fundador de la modernidad con su obra *El discurso del método* y quien asimilará el universo a un gran reloj, dando paso a la visión mecanicista. Su constructivismo se afirma, en primer lugar, porque va a señalar análogamente una relación constructiva entre la matematización y la técnica mecánica, entre la estructura de las ecuaciones y la de las máquinas en términos cognoscitivos (Koyré, A., 1986) y, en segundo lugar, porque al elaborar los fundamentos y proponer la geometría analítica, separa la verdad óntica geométrica de la verdad ontológica. Desvincula Ser y verdad con la abolición definitiva de la identidad, dejando sólo una coordinación que tiene lugar mediante un artificio humano, la invención de las coordenadas, con el fin de poder construir los objetos geométricos de forma algebraica y mostrar con dicha operación que el entendimiento no se haya irremediablemente sometido a la manera como se cree que el Ser de las cosas manifiesta su esencia y propiedades (García Bacca, J. D., 1944). El ser humano entra así en un definitivo proyecto constructivista. Él es quien propone la verdad de las cosas, y las propiedades que les hace manifestar son respuestas a un proyecto de conocimiento que se traza en su mente. Se aparta también del proceso derivado de la tesis escolástica de que la verdad es un atributo trascendental del Ser.

En este punto es preciso destacar, a manera de comparación, que si los griegos axiomatizaron la geometría práctica de los egipcios y asirio-babilonios, R. Descartes tiene como asidero el desarrollo de la técnica. Él se mueve en un ambiente sociocultural y económico que ha revalorizado el trabajo manual que producen las máquinas. En lugar de los artesanos esclavos de las factorías de Roma y Alejandrían, en Europa han aparecido los gremios de maestros artesanos, como una clase social respetable, por lo menos dentro del cristianismo y, especialmente, en los centros más poderosos de la burguesía en ascenso: Florencia, Zurich, Brujas, Lille, Londres y en las ciudades de la Liga Hanseática. Esto hace que la filosofía natural trabaje en combinación con el sistema productivo (Schneer, C. J., 1975).

La conclusión de que es el entendimiento el que propone la verdad de las cosas y que las propiedades que se les hace manifestar son producto del proyecto de conocimiento diseñado por una estructura conceptual y metodológica que hace su propia lectura del mundo, va a ser ratificado por Galileo. Su trabajo parece estar inscrito en la conclusión aludida, por cuanto parte de una construcción *a priori* que luego el experimento aprueba o descarta. Frente a la dinámica diversa de los acontecimientos, él aísla una parte de ella y la formula matemáticamente en leyes (método compositivo). A continuación, diseña y realiza una serie de experimentos mensurativos, utilizando instrumentos, destinados a comprobar la ley inferida (método resolutivo). Con Galileo la teoría precede al experimento y este la comprueba *a posteriori* (Lain Entralgo, P. y López Piñero, J. M., 1963). El experimento es una construcción matemática y tecnológica, en relación con la teoría cuyas hipótesis ha de demostrar.

Para resaltarlo, el "pienso luego existo" de Descartes, establece una separación entre el mundo material y el mundo del pensamiento. La introducción de la técnica, previa matematización de los artefactos para que sean instrumentos científicos (Galileo), resalta y afirma al ser humano como constructor de sus teorías y de su realidad material y cultural. Es un proceso de liberación que hace del pensamiento un ente activo, contraria a la posición pasiva que lo autosomete a las cosas y a los acontecimientos.

La concepción de experimento como un diseño tecnológico, destacará el postulado de que el entendimiento en proyecto de conocer crea un espacio ordenado y fáctico en el cual demostrar sus propias verdades; y fue este un horizonte no vislumbrado por la mentalidad griega o si lo vio, hizo caso omiso de él, en razón de ser una sociedad esclavista que despreciaba la actividad práctica productiva. Esa concepción de experimento que crea e inaugura Galileo, opuesta a la de las observaciones y descripciones sistemáticas de F. Bacon, siguiendo el inductivismo empirista de sus famosas tablas de "presencia", de "ausencia" y de "relaciones (Bacon, F., 1980), continuará y ganará mayor rigurosidad con Newton, al afianzarse como el encauzamiento y coordinación de condiciones físicas que desde la teoría permiten predecir resultados que luego habrán de verificarse con las medidas instrumentales.

El programa de conocimiento de Newton, visto desde la posición lakatosiana, fue el más exitoso en la historia de la cultura occidental hasta fines del siglo pasado; Él lo montó sobre la geometría euclidiano-arquimediana y sobre una concepción mecanicista de la naturaleza. Sigue el mismo camino del geómetra de Alenjadría, de definiciones, postulados y teoremas en los cuales se supone, de alguna manera, el resultado y se dan procedimientos para demostrarlos (Granés, J., 1988). Es esta la razón por la cual en Newton no hay un método de descubrimiento de una verdad que está por fuera del entendimiento humano. Es comprensible entonces que lo hecho después por sus "seguidores" sean deducciones extraídas de su marco conceptual (un cuerpo hipotético-deductivo), explotaciones teórico-tecnológicas.

Uno de esos "seguidores" brillantes es sin duda el filósofo de Koenisberg: I. Kant, quien distingue entre el conocimiento puro y el empírico en su "Introducción a la crítica de la razón pura", donde discute si todos los conocimientos comienzan o no con la experiencia. Llama independiente de la experiencia y de toda impresión sensible al conocimiento a priori, distinto del empírico que es necesariamente a posteriori. Entre los apriorísticos, destaca el puro, que carece absolutamente de empirismo, en oposición a los que forman sus conceptos a partir de la experiencia (Kant, I., 1984).

Dice que si se encuentra una proposición que ha de ser pensada con carácter de necesidad, esa proposición es un juicio a priori.Si, además, no es derivada y se concibe sólo como teniendo valor en sí misma como necesaria, entonces es absolutamente a priori. Para Kant, todos los juicios analíticos que se basan en el principio de contradicción son, por naturaleza, conocimiento a priori, sean o no empíricos los conceptos de que se sirvan. Los juicios analíticos son simplemente explicativos, puesto que no añaden en el predicado nada a lo que en el sujeto ya era pensado (Kant, I., 1985).

Postula, también, que la experiencia no da nunca juicio con una universalidad verdadera y estricta, sino con una generalidad supuesta y compartida. Por el contrario, un juicio pensado con estricta universalidad y que no admita excepción alguna, no se extrae de la experiencia y tiene valor absoluto a priori. Por tanto, la universalidad empírica no es otra cosa que una generalización arbitraria de valor, pues se pasa de un valor que corresponde a la mayor parte de las cosas al que corresponde a todas ellas.

Kant, como es sabido, parte de su confianza absoluta en el programa de Newton y en la recopilación y ordenamiento que Euclides hizo de los logros geométricos de sus antecesores; también le sirven de presupuestos la mentalidad helénica que hizo factible la axiomatización y el pensamiento de los estoicos y escépticos. Desde este punto de vista, resulta comprensible la distinción kantiana entre juicios nacidos de la experiencia y carentes de universalidad y aquellos que verdaderamente lo son por sus condiciones apriorísticas absolutas y que no admiten excepción alguna. En este aspecto, el filósofo de Koenisberg se revela, hasta cierto punto, platónico, creyente en una verdad absoluta y universal, independiente de la experiencia del ser humano en el mundo, donde este desarrolla su proyecto existencial, construye sus verdades y se adecúa a ellas.

Para Kant, la matemática y la física de Newton suministran un excelente ejemplo de lo que se podía construir independiente de la experiencia empírica. Al ser los juicios matemáticos sintéticos, el enlace del sujeto con el predicado no se concibe por identidad, como sí sucede con los analíticos. Los juicios sintéticos son amplificativos y aumentan el conocimiento dado. Las proposiciones de las matemáticas son siempre juicios a priori y no empíricos, ya que traen consigo necesidad, la cual no parte de la experiencia. Por medio de la intuición sensible es como se contemplan a priori las cosas, y se reconocen los objetos como pueden aparecer, y no como son o pueden ser en sí. Esta suposición es completamente necesaria para la existencia de proposiciones sintéticas a priori. La matemática debe presentar todos sus conceptos primero en la intuición y la matemática pura en la intuición pura, esto es, construirlos, sin lo cual es imposible avanzar, en tanto que le faltaría la intuición pura en la que sólo puede estar dada la materia de los juicios sintéticos a priori (Kant, I., 1985).

Los juicios sintéticos añaden un predicado al sujeto que no puede ser extraído por descomposición de conceptos parciales comprendidos y concebidos en la delimitación del sujeto, porque de serlo así, serían juicios analíticos. Por consiguiente, una proposición matemática sintética a priori ha de ser considerada según el principio de la contradicción, no dentro de ella misma, sino suponiendo otra proposición sintética de la que pueda resultar la contradicción. La matemática pura es sólo concebible como conocimiento sintético a priori porque no se refiere a otro conocimiento como puro objeto de los sentidos, en el fondo de cuya intuición empírica existe la intuición pura del espacio y el tiempo a priori, y existe porque dicha intuición pura no es otra cosa que la forma pura de la sensibilidad, la cual precede a la aparición real de los objetos, así como hace posible tal aparición (Kant, I., 1985).

En la primera parte de la *Teoría elemental trascendental, Estética trascendental,* (Kant, I., 1984), el filósofo alemán habla de la intuición como el modo en que un conocimiento se relaciona con los objetos de manera inmediata y para el que todo pensamiento sirve de medio. Esto es posible en la medida en que los objetos son dados y la sensibilidad permite recibir la representación, según la manera como los objetos la afectan. Los objetos son dados por la sensibilidad y es ella la que los ofrece a las intuiciones, siendo sólo el entendimiento quien los concibe y forma los conceptos.

Distingue Kant, para tal efecto, materia del fenómeno, lo que corresponde a la sensación, de la forma del mismo, es decir, aquello que lo hace diverso, que le permite ser ordenado con respecto a ciertas relaciones. Como este ordenamiento de relaciones no puede ser de la sensación, en virtud de que la materia de los fenómenos sólo puede ser dada a posteriori, la forma de los mismos debe hallarse a priori en el espíritu y, por consiguiente, ha de ser considerada independiente de la sensación. Hay pues una representación pura en la cual no se encuentra nada que pertenezca a la sensación. Por tanto, la forma pura de las intuiciones, en la que es percibida toda la diversidad de los fenómenos, bajo ciertas relaciones, se encuentra a priori en el espíritu y en la intuición pura.

En la sección primera (Kant, I., 1984), al tratar el espacio, afirma que no es un concepto empírico derivado de la experiencia externa. La representación del espacio no puede ser adquirida por la experiencia de las relaciones del fenómeno externo, sino que, al contrario, dicha experiencia externa es únicamente posible por esta representación. Es pues el espacio una representación necesaria a priori, la condición de posibilidad de los fenómenos, y no una determinación dependiente de ellos. El espacio es el fundamento de los fenómenos externos para que éstos sean concebidos como tales y no como simples acontecimientos.

El espacio no es ningún concepto discursivo, es decir, un concepto general de las relaciones entre las cosas. Es una intuición pura y no puede, por tanto, más que representarse un sólo y único espacio; y cuando se habla de muchos, se hace referencia a las partes de ese mismo y único espacio. La geometría toma como base la intuición pura del espacio. Lo esencial y característico del puro conocimiento matemático, lo que lo diferencia de los otros conocimientos a priori, es que no se deriva de los conceptos, sino que procede siempre mediante la construcción de estos (Kant, I., 1985).

En la sección segunda (Kant, I., 1984), sostiene que el tiempo tampoco es un concepto empírico, porque la simultaneidad o la sucesión no serían percibidas si la representación a priori del tiempo no le sirviera de fundamento. El tiempo es una representación necesaria que sirve de base a todas las intuiciones. Está dado a priori y sólo en él es posible toda la realidad de los fenómenos. En esa necesidad a priori radica también la posibilidad de los principios apodícticos de las relaciones o axiomas del tiempo en general, los cuales no son deducidos de la experiencia, ya que esta no puede dar una estricta universalidad ni una certeza apodíctica.

Tampoco es el tiempo un concepto discursivo, sino una forma pura de la intuición sensible. Tiempos diferentes no son más que partes del mismo y único tiempo. Así como el espacio no representa ninguna propiedad de las cosas, el tiempo no subsiste por sí mismo ni pertenece a las cosas como una determinación objetiva que permanezca en la cosa misma, una vez abstraídas todas las condiciones subjetivas de su intuición. La aritmética hace efectivo su concepto de número por la adición sucesiva de la unidad en el tiempo y la mecánica pura hace efectivo su concepto de movimiento sólo mediante la representación de tiempo (Kant, I., 1985).

Por otra parte, Kant en su *Principio metafísico de la ciencia de la naturaleza* (Kant, I., 1987) sostiene que sólo puede llamarse ciencia propiamente dicha a aquella cuya certidumbre es apodíctica, es decir, demostrativa, convincente y necesaria. Un conocimiento que no pudiera ofrecer más que certidumbres empíricas, sólo podría denominarse impropiamente saber. Un conocimiento es ciencia, e incluso ciencia racional, si es encadenamiento de principios y consecuencias; pero si esos principios son derivados de la experiencia y si las leyes desde las cuales la razón explica los hechos no son más que leyes de la experiencia, leyes de hechos, entonces no llevan consigo la conciencia de su necesidad (no se proponen sino que se inducen), de la demostración, no son ciertos apodícticamente, el conocimiento que forman, en estricto y riguroso sentido, no merece el nombre de ciencia y debería llamarse más bien arte sistemático. Una teoría racional de la naturaleza, cuando está fundada sobre leyes de la naturaleza que son conocidas a priori y que no son simplemente leyes derivadas de la experiencia (inducción), merece el nombre de ciencia racional de la naturaleza.

Para una crítica a Kant desde el punto de vista de las ciencias experimentales, recuérdese que Einstein no sólo se ubicó en la geometría de Riemann, que dio un duro golpe a la idea de que los axiomas de la geometría euclidiana venían dados a priori a la intuición, sino que negó la definición newtoniana de un espacio que implicaba la existencia de un sistema absoluto de referencia para el movimiento a su través, como también la de tiempo que, en consecuencia, suponía un sistema cronológico absoluto (Gamov, G., 1971). De la misma manera, negó el concepto de simultaneidad, en virtud de que todo sistema de coordenadas o cuerpo de referencia tiene su tiempo particular, por lo que la especificación de un tiempo sólo tiene sentido cuando se indica el cuerpo de referencia al cual hace relación dicha especificación (Einstein, A., 1973).

Kant no llegó a pensar que la espontaneidad e intimidad creadora de la conciencia transformaba de tal manera las cosas en objetos y que eran posibles muchas maneras de hacerlas objetos, de tal forma que las geométricas podían tener diversos sistemas de esencias, resultando por consiguiente, muchas geometrías. En su *Crítica de la razón pura*, Kant parece presuponer como única la geometría de Euclides. Con su teoría del conocimiento se ve que sobrepasa esa posición restringida, por lo que es el pensamiento kantiano el que hace posible las muchas geometrías, aun cuando parezca contradictoria (García Bacca, J. D., 1944).

En este sentido, fue Kant quien notó que la razón pura posee, además de espontaneidad creadora, inventora de esencias de las cosas, intimidad, es decir, conciencia trascendental. La vida mental funciona con base en sus a prioris, cuyo primer efecto es hacer que las cosas no invadan la conciencia con su ser en sí, sino que presenten nada más que aquello que convenga a esa conciencia, esto es, lo que ella tenga interés en que aparezca. Las categorías a priori del entendimiento transforman así las cosas en objetos y el hombre se da cuenta de dicha transformación gracias a la reflexión trascendental, la cual lleva a la conclusión de que dichas categorías liberan a la vida de las cosas en sí, de su realidad bruta, dándoles las esencias que esa vida requiere con el fin de construir para sí un mundo, cuya conexión interior es distinta de la que presenta el universo de todas las cosas. Esa acción de forjar un universo de las cosas, un mundo para el hombre mismo, es en términos kantianos planear, mundificar, hacer constructivismo. Es por esta razón que planea un mundo geométrico, como también mundos distintos cruzados por otras racionalidades, no necesariamente matemáticas. Así cuando la vía humana llegó a la conclusión de que las cosas geométricas no lo eran tanto y que era posible transformarlas y hacer con ellas mundos espaciales diversos, se dio cuenta de que la acción inmanente era un poder real y eficiente, cuya formación explícita para la conciencia era saber que mediante ese poder la vida mental hacía de las cosas geométricas un mundo para sí. Por tanto, cada tipo de vida era capaz de hacerse su propio mundo geométrico, con sentido, y definido históricamente; y que todo cambio en el tipo de vida mental implicaba una transformación en el tipo de mundo geométrico (García Bacca, J. D., 1944). Entonces, se entiende en este contexto el reclamo de consistencia que hacía Riemann para su geometría.

Y es menester distinguir universo de cosas geométricas y mundo geométrico propio de un tipo de vida. Es de esperarse que el universo de cosas geométricas las incluya a todas sin preferencia, pero ese universo, tan infinito como se quiera, desde un punto de vista constructivista, no puede existir per se. Sería, por tanto, el conjunto de todos los mundos geométricos construidos y por construir, es así como, cada mundo o bien no comprende todas las cosas del universo o bien entra con preferencia y centramientos privilegiados, no justificables por la simple y pura estructura de las cosas.

El cambio mental puede verse si se entiende que para el geómetra griego la construcción no es un medio para hacer existir los objetos geométricos, con el fin de investigar después las propiedades que se deduzcan de la construcción, sin tener que construirlos. La construcción no es una prueba de existencia, pues esta se haya garantizada por la visibilidad de ellos en las superficies. El griego construye para ver inmediatamente en la superficie las figuras y a continuación, si queda algo, verlo mediatamente, es decir, a través de la demostración. Por eso, por ejemplo, para los helenos los puntos no unidos por líneas eran elementos sueltos e imperfectos, carecían de unidad y de significado, al igual que los números sueltos no tenían derechos matemáticos propios ni podían dar lugar a consideraciones sutiles como la de la estructura de las variables independientes. A partir del renacimiento, lo imperfecto llega a tener valoración, adquiere definición y hace posible las constantes indeterminadas; las variables y las relaciones entre constantes indeterminadas constituirán una contextura matemática nueva para hacer de la vida terrestre, sublunar e imperfecta, un mundo, un proyecto humano que lo someta a sus planes. El paso al límite será entonces la nueva operación matemática que caracterizará a la mentalidad moderna, el mundo matemático de la modernidad y, así, llegará la geometría diferencial de Riemann, una geometría trascendental en la que definitivamente no existirá verdad óntica independiente, sino sometida a la verdad ontológica (García Bacca, J. D., 1944). Esta nueva relación de sometimiento le dará constitución filosófica al constructivismo.

Se afirmará, por consiguiente, que el constructivismo es una posición epistemológica en la cual la verdad ontológica (conexión entre la vida mental y los objetos), la verdad óntica (la manera como se supone que las cosas mismas se manifiestan) y el ser están separados. La verdad óntica dependerá de la verdad ontológica, es decir, del artificio que, de manera libre, el entendimiento construya cuando esté en plan de elaborar un mundo para sí, gracias a su espontaneidad creadora y a su intimidad, así como debido al hecho de que es una conciencia trascendental y no una mente esclava del universo de las cosas y acontecimientos. Se introduce el conocedor con legítimo derecho, pues él es quien crea la forma o el procedimiento para que el ser ostente y presente la esencia y propiedades que se desean, lo que depende del artificio que haya construido para tal efecto. Por consiguiente, habrá entonces que hablar de estructura conceptual y metodológica como una unidad y carecerá de sentido separarlas.

El problema radica en seguir aceptando las categorías que le vienen dadas a priori a la intuición, un punto de vista que, para repetirlo, recibió un duro golpe en el siglo XIX a partir de los trabajos de Bolyai, Lobachevsky y Riemann, quienes postularon sistemas geométricos no euclidianos que negaban la verdad absoluta del axioma de las paralelas. Hubo entonces que mudar hacia

120

la idea de que esas categorías son elaboradas por los seres humanos en el proceso de socialización, esto es, en el de su culturización
crítico-activa, lo cual genera en él los nichos de suposiciones y
creencias básicas y la estructura conceptual y metodológica que
transforma las cosas en objetos de su entendiminto y actuación.
De esta forma adquiere explicación la propuesta de que cada tipo
de vida social, cultural y económica crea su propio mundo, con
sentido y definición históricos, y que todo cambio en ese tipo de
vida produce una transformación consecuente con el mundo que
se vive.

La unidad entre estructura conceptual y metodológica de la propuesta constructivista se manifestará con mayor coherencia en la
mecánica cuántica. La realidad *objetiva* esperada de las partículas
elementales será una simplificación tosca de los hechos efectivos.
Si la observación de las cosas y acontecimientos de la experiencia
común permite en apariencia sostener que el proceso que facilita
la observación desempeña un papel secundario, lo cual efectivamente no es así, con los componentes mínimos de la materia ese
proceso representa un elemento considerable, de tal manera que
ya no se puede disertar sobre el comportamiento prescindiendo
del problema metodológico-instrumental: no se puede hablar sino
de lo que ocurre cuando las partículas interaccionan con los
aparatos de medición. Este hecho lleva mucho más allá la cuestión pues, matemáticamente, la teoría cuántica recoge un conocimiento construido, por lo que no discute acerca de las partículas
en sí (Heisemberg, W., 1985).

El ser y sus propiedades

Los físicos de hoy, más que de las cosas, prefieren hablar de
acontecimientos o de sucesos o de interacciones. Si se admite que
las estructuras conceptuales y metodológicas poseen carácter instrumental, entonces, esa preferencia conduce a pensar que lo que

siempre sucede es una interacción entre esas estructuras y las cosas y aconteceres del mundo natural o acontecimientos experimentales o socioculturales, preparados desde dichas estructuras. Se trata de un cambio en la lectura sistemática del mundo, de la realidad extrasubjetiva, por una transformación ocurrida en la vida mental, la cual toma conciencia de que todo aquello que espera debe obedecer a un plan, a un proyecto definido.

Las explicitaciones son indispensbles. En el lenguaje común un acontecimiento es un suceso. Acontecer es acaecer, ocurrir, sobrevenir. Suceso es cosa que sucede, transcurso del tiempo, éxito, resultado, conclusión buena o mala de un negocio. Un acontecimiento es, entonces, también un resultado. De ahí, pues, que en el campo de lo científico, lo tecnológico, lo político, lo económico, lo cultural, etc., todo suceso sea provocado por la voluntad de un individuo o grupo de personas asociadas en el horizonte de la obtención de algo previamente especificado. Esta racionalidad obliga a buscar las causas de un hecho en los campos señalados, en los objetivos o metas de los agentes humanos que lo provocaron, así los efectos sobre los no implicados de manera directa obedezcan a encadenamientos probabilísticos no tenidos en cuenta. En todo caso, no se trata de un problema del destino o de la suerte.

Como se recordará, ante un mundo dominado por el cambio, la diversidad y la pluralidad, el ser humano occidental en su afán de organizar un proyecto de existencia se preguntó por la inmanencia y supuso la conservación de algo en el interior de las cosas, lo cual hacía que fueran siempre las mismas y se manifestaran permanentemente iguales, sin importar cuáles fueran las circunstancias y condiciones en las que ellas estuvieran. Poseían unas propiedades intrínsecas, unos atributos que las hacían ser. Era propio de algo, ser ese algo y manifestarse como tal; un cambio en la manifestación significaba una transformación en la naturaleza interna. El mejor ejemplo que encontraron fueron los entes geométricos, las figuras y los sólidos que siempre se construían de la misma manera, siguiendo las reglas de construcción adecuadas, con el fin de que tuvieran las proporciones, los ángulos y las relaciones fijas entre sus componentes, que los hacían ser lo que eran. Como en el mundo sublunar no encontraron los griegos estos seres y sus propiedades, los ubicaron en los cuerpos celestes, perfectos y divinos.

Tal marco conceptual y metodológico perduró hasta que las transformaciones sociales, culturales y económicas posibilitaron la construcción de una mirada distinta para una actuación diferente en la realidad extrasubjetiva. La conclusión llevó a postular que no era propio del ser poseer los atributos que lo hacían supuestamente ser, que sus manifestaciones obedecían al proyecto humano en plan de hacer un mundo para sí. Las propiedades del ser no le son propias.

A partir de su interacción con el mundo, el ser humano construye representaciones que observan las cosas de una manera, atribuyéndoles unas cualidades y negándoles otras. Tal hecho posibilita una clasificación primera, la cual, en tanto la actividad de dominio e intervención (experiencia), exige taxonomías más finas, acordes con la diversidad con la que se debe enfrentar la interacción, y produce el convencimiento de que las clasificaciones gruesas no permiten actuaciones enriquecedoras de la experiencia. La existencia entendida como un proyecto de ordenación del entorno para el actuar intencional es la que reclama una comparación entre las cosas y los aconteceres clasificados desde las representaciones (*Vorstellungen* y *Darstellungen*), que las ordena metodológicamente según la forma como el entendimiento hace manifestar las cualidades que conceptualiza, estableciendo relaciones de precedencia en el conjunto. Después, siempre desde un marco conceptual y metodológico creado, establecerá proporcionalidades (relaciones), según un plan que exige cuantificaciones métricas siguiendo las geometrizaciones que el entendimiento precisa.

Las propiedades cualitativas y cuantitativas constituyen una serie de comportamientos que son las formas como el ser humano hace aparecer las cosas a su conciencia en plan de construir un mundo para sí; es decir, son las maneras como las cosas son introducidas por la razón en el proyecto existencial de intervención, dominio y control de la realidad exterior; de hecho esto es una interacción entre la función constructora de representaciones, que observa el mundo extrasubjetivo desde la lectura sistemática propiciada por la estructura conceptual y metodológica, y su nicho de creencias y suposiciones básicas sobre lo individual, social y natural. Ubicada en una posición epistemológica dada (ingenua o elaborada), formula unas cualidades, atribuyéndoselas o negándoselas a las cosas, para poder producir acontecimientos en el seno de una comunidad característica. La actitud científica y las reglas acordadas por las comunidades de este tipo obligarán a una sistemática instrumental demostrativa, a un diseño para que el comportamiento atribuido aparezca tal como ha sido postulado. De hecho, esa comunidad exigirá un lenguaje y una explicación-descripción acordados.

Esa es la tesis, o mejor, el postulado. Algunos ejemplos pueden bastar para una demostración. En el campo de las sustancias químicas, las llamadas propiedades físicas obedecen a unos resultados experimentales en los cuales se canaliza de una manera la interacción con la energía en sus distintas manifestaciones. Se habla entonces del punto de fusión, de la conductividad calórica y eléctrica. Pero estas no son medidas aisladas, pues dependen de otros parámetros. Por ejemplo, el agua químicamente pura ebulle a 100 grados celcius (centígrados), sólo cuando la presión externa aplicada sobre ella es de una atmósfera. A otras presiones posee diferentes puntos de ebullición. Sucede algo análogo con las propiedades químicas, es decir, en las interacciones provocadas entre unas sustancias y otras. Ellas dependen de la presencia de terceras y de las condiciones de presión y temperatura en que dichas interacciones se canalizan.

Cuando se habla de interacción con la estructura de las sustancias, este es un supuesto de partida. Porque responder a qué clase de estructura se hace referencia, es un llamado a un saber construido, validado y aceptado por la comunidad de especialistas, y el tipo de estructura que se propone identifica un estadio del desarrollo del saber químico o, mejor, la clase de paradigma que al respecto trabaja esa comunidad. Históricamente, y en aras de la discusión, se pueden hacer concurrir distintos modelos que en sus respectivos tiempos de dominancia fueron útiles y respondieron, tanto a los intereses cognoscitivos y a las ambiciones intelectuales de los científicos, como a las exigencias de una actuación metodológica demandada por la industria competitiva y por la comunidad sociopolítica en general. Por eso no basta con aludir una supuesta estructura, sino que es menester discurrir conceptual y metodológicamente sobre ella y el conocimiento elaborado en torno a las interacciones materia-materia y materia-energía. De otra manera no se ha dicho nada.

Desde el punto de vista metodológico, la formulación de la estructura de una sustancia química no es sólo un discurso descriptivo explicativo e hipotético deductivo de su arquitectura energético-material y de sus propiedades físicas, químicas y bioquímicas, sino que es también un plan para una actuación en la dialéctica del análisis-síntesis. Para verificar la relación estructura-propiedades es preciso un proyecto de construcción que fabrique la sustancia en cuestión en el laboratorio, su síntesis (lo cual comprende un dominio conceptual y tecnológico), para luego analizarla en la búsqueda de las concordancias estructurales y de las propiedades entre la molécula construida y la supuesta. En esta dinámica la química es una ciencia constructivista.

Vale la pena hacer mención de la llamada ciencia de los materiales y de la biotecnología. En ambas, aun cuando en la primera más que en la segunda, de conformidad con el proyecto constructivo, se formulan las propiedades físicas, químicas y bioquímicas que se requiere posea un material, luego se propone la estructura más probable que exhiba esas propiedades requeridas y se diseña el algoritmo a seguir para su síntesis en el laboratorio, siguiendo las precisiones y las exactitudes estipuladas en los cálculos termodinámicos. El punto de partida es siempre el conocimiento elaborado por los especialistas. Por otra parte, con todo el problema probabilístico que ello significa, *mutatis mutandis*, es lo mismo que sucede en la ingeniería genética: se trata de crear un organismo que se necesita para que ejecute un trabajo bioquímico determinado y que no se encuentra en la naturaleza; no se produce por las vías naturales de la reproducción biológica.

En cuanto a los organismos vivos, desde el trabajo de Charles Darwin ha quedado demostrado que su comportamiento integral específico se halla en estrecha relación con el nicho ecológico en que, dentro de las relaciones de equilibrio, mantienen su supervivencia. Se está frente al caso de interrelaciones múltiples, diversas y complejas, a partir de cuyo convencimiento no es dable afirmar que un organismo es y se comportará siempre de la misma manera, porque es de la naturaleza de su ser que así sea. Incluso, las estructuras biológicas (el conocimiento que se tiene al respecto, en la biología que es una ciencia hipotético-deductiva y no un conjunto de descripciones) experimentan ciertas variaciones para ser como son en relación con el nicho ecológico en el cual esos organismos nacen, crecen, superviven, se reproducen y mueren.

Matemáticas - Ciencias Experimentales - Tecnología

Si bien en los dos trabajos que completan esta trilogía de discursos se presentará un estudio más detallado de la relación descrita (discurso sobre las ciencias experimentales y discurso sobre las tecnologías), se dirá aquí solamente que constituye una tríada de mutuas convalidaciones internas y apoyos conceptuales y metodológicos, cuya negación significa un desconocimiento de la historia interrelacionada de las matemáticas, las ciencias experimentales y las tecnologías. No se propone una reducción porque esto equivaldría a apartarse de los desenvolvimientos internos de cada una de ellas, así como negar sus propias constituciones, objetos de conocimiento, lenguaje, gramática y protocolos y procesos de demostración lógica experimental. Producir matemática no es lo mismo que construir física o elaborar biología o hacer electrónica.

Volviendo a la historia, los egipcios y babilonios, como necesidad de su arte monumental, construyen la geometría práctica; luego los griegos axiomatizaron esa geometría, que se vuelve métrica en Alejandría entre geómetras que poseían intereses mecánicos (Hull, L. W. H., 1962), y se queda allí. Con Leonardo Da Vinci, y en especial con Galileo y Newton, la trilogía va a fortalecerse. En el caso de Lavoisier, se da la relación matemática-química-tecnología, pues él es quien crea el experimento en química y matematiza la reacción química como prerrequisito para la introducción a la balanza, con el fin de verificar la ley de la conservación de la masa. Newton, junto con Leibniz, formula el cálculo infinitesimal ya propuesto por Arquímedes en su paso al límite para determinar el área del círculo. Los Bernoulli son físicos, matemáticos e ingenieros. En el mundo actual, los componentes de la tríada caminan de la mano.

Esas convalidaciones internas y apoyos conceptuales y metodológicos mutuos entre las matemáticas, las ciencias experimentales y las tecnologías se hallan en los fundamentos epistemológicos constructivistas de todas ellas, es decir, en esa independencia de la mente humana para representar, conceptualizar e inventar algoritmos para operar y traducir todas esas actividades en actuaciones objetivas mediadas por instrumentos que ella, a partir de

los esquemas de actuación y persiguiendo fines específicos, construye.

La libertad, en el ámbito de los problemas relativos de verdad, es
patente en el caso de la lógica formal clásica, cuyas funciones no
dependen de lo que signifiquen las proposiciones ni de su concordancia con el ser, sino de la distribución de los valores de verdad
o de falsedad en la tabla funcional correspondiente. La independencia mental le confiere dinámica a la actividad constructiva,
conceptual y metodológica, proceso que no se detiene por siempre en ninguna proposición o conjunto de ellas (García Bacca, J.
D., 1944).

Una puntualización en el constructivismo no puede paralizarse y
confiar en las anteriores afirmaciones de carácter genérico. Ha de
tomar cada concepto y estructura conceptual y metodológica para
mostrar la lógica de su construcción y demostración. En esta
tarea, el entendimiento debe estar en condiciones de hacer reconstrucciones racionales rigurosas y coherentes, independizándose
de la manera como la historia interna de cada disciplina muestra
lo que fue dicha elaboración. Este acto creativo produce frutos
positivos; salvo que se esté haciendo historia de la disciplina.

Lo bueno y lo malo de las estructuras conceptuales

Se ha mostrado cómo los griegos, posicionados en la triple unicidad, axiomatizaron y desarrollaron una geometría, pero también cómo ese mismo afincarse en una concepción les impidió ver
la posibilidad de construir otras. Desde T. S. Kuhn (1971) se
llamará la atención sobre este hecho. Se ha venido aceptando con
mayor fuerza que cada paradigma "ilumina" un sector de la realidad extrasubjetiva, a la vez que deja en la oscuridad u oculta el

128

resto de ella. En otras palabras, permiten construir y avanzar en un área, en una dirección, e inhiben la posibilidad de elaboraciones distintas, donde estructuras conceptuales y metodológicas diferentes introducen la misma situación epistemológica.

La historia de las ciencias ha demostrado que los hombres y las mujeres que investigan en paradigmas compartidos están sometidos a las mismas reglas y normas para la práctica científica. Los paradigmas son modelos de explicación que sirven para delimitar, formular, plantear, reconocer y resolver problemas. El hecho de que haya paradigmas en competencia supone prácticas investigativas en mundos conceptuales diferentes, por lo que los distintos grupos ven cosas distintas cuando miran en la misma dirección y desde el mismo punto el mismo fenómeno (Kuhn, T. S., 1971).

En general, si se dan dos paradigmas, P1 y P2, podría ocurrir que P1 "iluminara" un espacio de conocimiento y de explotación conceptual y metodológica hasta el agotamiento, que correspondiere a la zona de "oscurecimiento" de P2. La propuesta sugiere una especie posible de "complementariedad". Sin embargo, como cada uno "ilumina y enceguese", los partidarios del uno o del otro no pueden ver sino lo que su paradigma les permite mostrar. Algo análogo ocurre cuando el mismo ámbito de acontecimientos es percibido desde paradigmas en competencia, P11, P12, P21, P22, etc., (estructuras conceptuales y metodológicas alternativas), dentro de una misma comunidad de investigadores. Para el caso de P11 y P12, no "ilumina" el mismo ámbito de idéntica manera, por lo que sus partidarios observan lo mismo de otra forma y plantean los acontecimientos siguiendo algoritmos de pensamiento y actuación que no coinciden.

En el último caso se está frente a "programas de investigación en competencia", cuyos sostenedores luchan por ganar la aceptación y recibir el apoyo social y la mayor cantidad de recursos destinados a la investigación. Son dos *empresas racionales* alimentadas por las ambiciones y expectativas intelectuales de sus practicantes, y es este el componente afectivo que refuerza la "ceguera paradigmática", esa que hace que cada quien no vea sino aquello que desea observar. Súmese a esto los casos de dogmatismo, que llevan al rechazo, sin fórmula de juicio, de cualquier concepción contraria, al desconocimiento absoluto que conduce a la ceguera total. No hay que dejar por fuera el fundamentalismo basado en la sacralización de textos y teorías: si se dice algo contrario a ellos (textos y teorías), es una herejía; mientras que si aquello que se afirma ya hace parte de sus contenidos, entonces es algo superfluo y no debe ser expresado, no vale la pena que se escuche.

Es esto lo que se deseaba poner de presente con la afirmación de que los cuerpos conceptuales y metodológicos tienen su lado positivo y su cara negativa. La salida es reconocer esa doble naturaleza y admitir que no existe una única razón, que la humanidad se mueve en una pluralidad de razones, cada una con sus propios presupuestos de validez y su conjunto de éxitos relativos. Ahora bien, si en realidad se desea ser productivo, no cabe otra posibilidad: comprometerse con un paradigma o inventarse otra estructura conceptual y metodológica.

Capítulo 4

EL SUJETO EPISTÉMICO: UN AUTOCONSTRUCTO

Relación sujeto - objeto

En ciertas disquisiciones epistemológicas es de rigurosa exigencia inscribir el problema del origen y estructura de los saberes en el eje sujeto-objeto de conocimiento, sobre todo a partir del momento en que se reconoce al ser humano como constructor de dichos saberes. Este punto de partida justifica e introduce una posición contraria a la idea de que, para el análisis lógico del conocimiento científico, carece de importancia el acto de concebir e inventar una teoría (Popper, L., 1962). Se persigue, por tanto, una aproximación a la lectura completa de ese eje y proceso complejo, teniendo en cuenta la subjetividad productora y el mundo exterior, o una parcela de esta transformada por el entendimiento en objeto de conocimiento.

Antes de seguir adelante con la discusión propia del presente numeral y persiguiendo objetivos informativos, es necesario relacionar las corrientes filosóficas que han sido históricamente señaladas, de conformidad con la posición asumida al respecto por los distintos pensadores que se han ocupado de la temática en cuestión. En efecto, en relación con la conexión sujeto-objeto, se ha polemizado en torno a si el sujeto mira al objeto como independiente de él, o si la observación del objeto varía o no de acuerdo con la situación conceptual y metodológica desde la cual el sujeto se interrelaciona con el mundo que lo rodea. Dos perspectivas filosóficas se han dado: el realismo y el idealismo. El primero no admite la existencia de un mundo exterior e independiente de la idea que el sujeto tenga de la realidad, es decir, sostiene que no existen cosas reales independientes de la razón, por lo que los objetos externos son exactamente lo que parecen a la mente que los concibe, ya sea que se perciban conceptualmente de manera ingenua o apoyados en reflexiones críticas. El idealismo, por su parte, afirma que las cosas que se perciben son independientes de la razón, debido a que la realidad del mundo exterior se halla contenida dentro de la conciencia del sujeto. En cuanto al constructivismo, a continuación se verá de qué manera se aproxima y se aleja, a la vez, de las corrientes señaladas.

Se hace la inscripción en una dialéctica apropiada para comprender las transformaciones conceptuales y metodológicas que producen las autoconstituciones y los cambios en ese sujeto cognoscente, como también las configuraciones y redefiniciones que hace del objeto mismo, en la óptica bachelardiana de las rectificaciones necesarias (Bachelard, G., 1978). Y habría que postular una autoconstitución relacionada, en el sentido de que no puede existir un sujeto epistémico sin su objeto de conocimiento y viceversa, sobre el cual concentrar su actividad cognoscitiva sistemática y rigurosa.

132

En el mismo orden de ideas, queda claro el sinsentido de las definiciones que afirman, por ejemplo, que la matemática es una ciencia que se ocupa de estudiar tal y cual cosa. La matemática no estudia nada, como tampoco lo hacen la física, la geografía o la lingüística. Es el ser humano o, mejor, el sujeto epistémico quien estudia e investiga y como resultado de dicha actividad produce saberes, prácticas sistemáticas, datos, instrumentos, etc. Ningún constructivista aceptaría otra posibilidad.

Surgen, por consiguiente, dos preguntas. La primera indaga por el personaje en cuestión y la segunda, por el constructo que elabora desde una estructura conceptual y metodológica, para identificarse como investigador perteneciente a una comunidad de especialistas. Esa primera formulación interroga por el hecho de si se trata o no de un individuo especial o si se cobija bajo la denominación de sujeto epistémico a todos los miembros del género humano, en virtud de que la afirmación central del constructivismo sostiene que todos ellos en comunidad elaboran saberes y reglas para la producción, demostración, validación y comunicación de tales construcciones. Sin embargo, ha de elaborarse una taxonomía fina de los saberes que los clasifique en, por ejemplo, saber común y cotidiano; saberes científico, tecnológico, técnico, artístico, filosófico y todas aquellas categorías que determinan sistemas cuyo ámbito es la academia y que circulan de manera restringida entre los practicantes. Más allá de esta visión restringida, habría que hacer una ampliación para cobijar el saber propio de los comerciantes, el de las amas de casa, el de los artesanos, los propios de las comunidades indígenas y así sucesivamente.

La clasificación permite observar cada espacio de construcción cognoscitiva y concluir que, en cualquier caso, el sujeto epistémico es una persona que experimenta procesos formativos dentro de un grupo humano con características culturales, sociales y económicas identificables. Cada individuo nace de una pareja humana, lo cual ya es un acontecimiento sociocultural, es decir, nadie viene de la nada biológica ni llega a un limbo cultural. Esta puntualización pone en claro, por un lado, la necesidad de hacer referencia a las comunidades (académicas y no académicas) y a sus lecturas sistemáticas particulares del mundo social y natural, y, por otro, la innegable aceptación de que todo sujeto epistémico se inicia con la inmersión en los saberes y prácticas propios del existir común y cotidiano, sin desconocer que el medio cultural establece al respecto una diferencia significativa. En todo caso, nadie nace especialista. Para tal efecto, ha de sufrir una educación institucional, con miras a la pertenencia a una de las tantas comunidades epistémicas. Se hace remisión entonces, a la necesidad de unos intereses y unas actitudes que debe construir y desarrollar par tal efecto.

Una precisión mayor ha de contemplar lo postulado por Toulmin en relación con las "ambiciones y expectativas intelectuales", sin llegar al caso de la propuesta de una nueva "empresa racional", de un "programa de investigación científica", algo que puede suceder en alguna etapa del proceso formativo. De alguna manera, hay que inculcar el deseo de prestigio y reconocimiento que hacen del sujeto una persona interesada en la investigación y en la explotación del saber que se sabe, dentro de una comunidad, lo cual lo hace un ser activo y no un receptor y ejecutante pasivo de la estructura conceptual y metodológica, sin que por esto se convierta en una fiel copia de sus enseñantes expertos, como puede ocurrir cuando lo que se desea es sólo supervivir decorosamente dentro de la sociedad.

Para el caso de las comunidades académicas, el sujeto epistémico es un intelectual que existe en función de la producción del conocimiento, en virtud de que, en forma socrática, se reconoce que no sabe, que el saber que supuestamente sabe posee problemas, no es definitivo ni absoluto, que su verdad es sólo aparente o que su estructura conceptual y metodológica arroja resultados no concluyentes para un pequeño espacio del mundo convertido en objeto del conocimiento. Vive y se forma dentro de una comunidad de especialistas en la cual se critican los paradigmas competitivos, a la vez que se autocritican las elaboraciones propias, antes de darlas a la luz pública, sin caer en perfeccionismos delirantes, con el fin de obtener apoyos.

Acéptese, que las comunidades académicas de especialistas, en principio, poseen como horizonte de sentido la producción de conocimientos en obediencia a los propios intereses individuales de sus conformantes y para satisfacer las demandas de una sociedad civil abierta que las sostiene. Admítase también que dentro de una misma comunidad, los diferentes grupos compiten con el objetivo de ganar prestigio y reconocimiento, con el fin de obtener cada vez mayor apoyo financiero. Puede adicionarse a lo anterior que desean contribuir al bienestar de su sociedad, a resolver sus problemas y, por tanto, se hallan comprometidos con un proyecto político e histórico.

El sujeto epistémico es, por consiguiente, un estudioso, una persona que hace crítica y autocrítica conceptual, revisión y autorrevisión de los fundamentos, y estructuras conceptuales y metodológicas que configuran el saber que circula entre los miembros de su comunidad de especialistas. No es sólo un aplicador de lo aceptado el sujeto epistémico cuando se sumerge en esta actividad, lo hace impulsado por la razón de demostración, porque para él es necesario precisar los alcances descriptivo-explicativos de lo validado y aceptado, es decir, se encuentra dentro de la naturaleza crítica de su constitución. Y es posible que ocurran milagros, pero son la crítica y la autocrítica, la revisión y la autorrevisión, aunadas a la demostración o prueba lógica experimental, las que producen las autotransformaciones conceptuales y metodológicas de él y de su comunidad, siempre y cuando posea las ambiciones y expectativas intelectuales que lo impulsen a sobresalir.

El sujeto epistémico es el creador y transformador de los saberes especializados en comunión crítica con sus pares, y en dicha actividad encuentra su realización profesional, siendo las construcciones específicas muestras de los estados atravesados por él en el proceso de su autoconstrucción. En este orden de ideas es una persona que aspira a un reconocimiento como tal, a una estima en la medida en que desempeña un papel importante dentro del proyecto político, económico y cultural que su sociedad libremente se ha formulado. Posee una identidad, unos intereses y unas motivaciones en relación con su compromiso histórico y social. Desea triunfar porque está consciente de que sus logros tienen significado para el tipo de sociedad que se construye y desarrolla. De otra manera, sería un ser aislado, sin ninguna proyección real.

El objeto del conocimiento

Se ha sostenido que todas las comunidades actúan según unas intencionalidades en el mundo natural y social, delimitando lo que constituye su escenario y objeto de trabajo intelectual práctico. De la misma manera, se afirmó que cualquiera que sea ese actuar, la porción del mundo mirada obedece a las representaciones que los miembros de esas comunidades, académicas y no académicas, configuran desde sus estructuras conceptuales y metodológicas, es decir, esas porciones del mundo con las cuales se trabaja están mediadas por los procesos de significación y simbolización y por los intereses de los individuos. Habría entonces que distinguir cuando se trata de un objeto de investigación, tal cual como es descrito por los epistemólogos y filósofos de las ciencias, de tal forma que esas porciones delimitadas del mundo se inscriban en el horizonte de la producción de saberes científicos o tecnológicos y no sean sólo delimitaciones para un actuar distinto.

Una aproximación aceptable debe partir de una aclaración válida de aquello que se entiende por saber y por conocimiento en el marco de las comunidades académicas. Recuérdese que, según Kant, el conocimiento se diferencia del saber. El primero es *verdadero* por cuanto es propiedad objetiva del juicio. El segundo es un modo de la relación del *sujeto* con el juicio, una forma de aceptarlo como fundamento objetivo, en la medida en que también es *verdadero* no sólo para él (Kant, I., 1982). Por otra parte, se dice que el saber es una "creencia en lo justificadamente cierto", por lo que, cuando alguien desea convencer de que sabe, ha de probar que sus ideas resisten un examen crítico y superan cualquier demostración de falsedad o inverosimilitud (Carr, W. y Kemmis, S., 1988). Saber no es simplemente repetir.

Saber, en el contexto de estas anotaciones, es un estado de la conciencia que se alcanza en el momento en que se duda de lo que se sabe, en virtud de la crítica y la autocrítica, la revisión y autorrevisión de los fundamentos conceptuales y metodológicos de ese saber y los resultados que se obtienen a partir de él, cuando no se muestran satisfactorios para el sujeto que estudia. Entonces, por necesidad, se emprende un proceso de conocimiento merced a las formulaciones que derivan de su autoexamen. El punto de partida puede ser lo que el común de la gente cree saber o aquello que maneja la comunidad de especialistas dada, siempre y cuando no se posean ambiciones y expectativas intelectuales y se persiga el fin de sobresalir, de ganar prestigio y reconocimiento. En ambos casos, el objeto del conocimiento lo constituye el conjunto de fenómenos o acontecimientos implicados en el área de la realidad de la cual se trate y, por tanto, las estructuras conceptuales y metodológicas que los hacen aparecer como fenómenos o acontecimientos, convertidos así en una organización problemática del conocimiento.

Tal objeto se inscribe en una problemática de saber (Bachelard, G., 1978), en el interior de un proceso que reclama coherencia entre una estructura conceptual y metodológica y la actuación cognoscitiva correspondiente. Por eso, para el sujeto epistémico es siempre el objeto una construcción que es preciso rectificar, desde una delimitación que precisa su naturaleza y contornos problemáticos, por lo cual ya es un proyecto de investigación, un conjunto de preguntas surgidas del examen crítico de ese saber que posibilitó la constitución de dicho objeto y del estudio que hizo necesario pensarlo como tal. Esas preguntas postulan unas respuestas probables (y el saber ha de ser, para tal efecto, hipotético-deductivo), las cuales requieren de una demostración lógica experimental, dentro de una actuación objetivante de un diseño metodológicamente planeado para la sistemática comunicación y la continuidad de las rectificaciones.

Si el objeto del conocimiento es un proyecto de investigación metodológicamente organizado, construido por el sujeto epistémico desde una mirada crítica sobre un saber específico que se sabe, y si esa mirada es una lectura sistemática a partir de una estructura conceptual y metodológica que el sujeto ha elaborado, en virtud de su proceso cognitivo particular y autónomo, entonces, la lógica obliga a considerar una conexión dialéctica y solidaria entre objeto de conocimiento y estructura conceptual y metodológica. Pero como las reglas comunitarias de demostración, validación y aceptación exigen una actuación rigurosa y coherente, el espacio de demostración lógica experimental se integra a la solidaridad cognoscitiva.

Lo estipulado carecería de sentido si la formulación del objeto del conocimiento no se hiciera con los mismos conceptos del discurso que da cuenta y describe el conjunto de fenómenos que en él han sido delimitados. Es algo que no debe sorprender, por cuanto los conceptos se refieren siempre a representaciones fenoménicas, es decir, sus referentes objetivantes en la intersubjetividad, y poseen los procedimientos metodológicos para hacer a partir de ellos la lectura sistemática (observación-intervención) de la reali-

138

dad extrasubjetiva. En lo referente a las ciencias experimentales y a las tecnologías, sus magnitudes o conceptos métricos, al ser tecnológicos determinan una delimitación en la cual van ya preconcebidos el diseño y la ejecución experimental: el manejo de variables cuantitativas (escalares, vectoriales y tensoriales). Así mismo, existe la necesidad de reconceptualizar los conceptos cuando el problema del conocimiento no muestre otra salida metodológica (Heisemberg, W., 1980).

Se desprende de todo lo afirmado en los párrafos precedentes que, en primer lugar, sujeto epistémico y objeto de conocimiento no pueden existir por separado: no hay por ahí sujetos buscando objetos en que ocuparse ni objetos a la espera de un investigador que los encuentre y se dedique a trabajarlos. En segundo lugar, y como ya se estableció, plantear este eje en forma general y simplista oculta su complejidad, que merece un esfuerzo discursivo en profundidad, cuando de una disciplina en particular se trata. Eta tarea se le deja al lector especializado en un área del conocimiento.

En el campo de la investigación científica y tecnológica, los objetos del conocimiento primeramente delimitados se van diversificando y van conformando algo análogo a un árbol de especialización, dando origen a nuevos programas investigativos y a modificaciones o cambios en las estructuras conceptuales y metodológicas que, consolidados, devienen disciplinas de una ciencia o de una tecnología. Esto es, la labor cognoscitiva de crítica conceptual y revisión de fundamentos, por ambición y expectativas intelectuales, ramifica un contexto de saber, dándole carta de ciudadanía a la especialización de la especialización.

La iniciación

Sería de sumo interés, como en el mito bíblico, empezar este numeral imaginando un jardín edénico en el cual se diera la creación repentina de un hombre hecho y derecho, maduro, pero se caería en una ficción que los biólogos rechazarían de entrada, pues todo ser humano procede de otros, de la pareja, en un medio sociocultural en el cual se hace persona humana. Es un programa fruto de la recombinación genética con todas las capacidades biológicas para autoconstruirse intelectual y socialmente.

El hombre es una recombinación de los aportes contenidos en un óvulo y un espermatozoide, cuya invaluable información, desde el punto de vista ético y humanista, dará origen a un ser humano con una masa encefálica estructurada cualitativa y cuantitativamente en términos de potencial para autorreconocerse, identificar el entorno e interactuar con él. Lo significativo y característico del autorreconocimiento y de la interrelación es la mediación que les subyace, puesto que siempre obedecen a la construcción de representaciones cargadas de significados y propósitos. El ser humano, como creador y decodificador de información mediante simbolizaciones artificiales de sí, de los demás y del contexto, deviene organización compleja tanto para el estudioso desde el punto de vista biológico como para quienes se ocupan de lo psicológico, de lo social y de lo cognitivo, en la jerarquía de las estructuras y de los valores morales y estéticos (Stevens, J., 1988).

En cuanto al desarrollo, como organismo vivo capaz de creaciones, los estudiosos de esta temática han mostrado que transcurre a lo largo de la siguiente historia (Smith, M. S., 1986):

— A los dieciocho días de la fecundación, empieza su formación el sistema nervioso.

— A la sexta semana, los músculos comienzan a ser controlados por el cerebro.

— Al final del segundo mes del embarazo, el peso del sistema nervioso es la cuarta parte del peso total del feto. Este es capaz de responder al tacto, primero en la cara y luego en el cuerpo.

— En el cuarto mes son posibles numerosos reflejos del feto, como arrugar la frente, succionar el dedo y si a un pie se le hacen cosquillas, lo retrae.

— Transcurrido el quinto mes del embarazo, el feto tiene ya el número de células nerviosas que constituirán su sistema nervioso de adulto humano.

— En el sexto mes, puede agarrar firmemente con las manos y abrir y cerrar los párpados.

— En el último mes, a pesar de la actividad fetal, de los extensos reflejos, del tamaño cerebral, no hay pruebas de que la corteza cerebral ejerza alguna influencia sobre el comportamiento.

— En el momento del nacimiento el bebé puede respirar, succionar, tragar, salivar, llorar, olfatear, gustar, oír, bostezar, estornudar y estirarse. Desde el nacimiento, el niño debe reaccionar con cierre palpebral o hasta con reflejo de Moro ante un estímulo luminoso o sonoro fuerte, lo cual atestigua la integridad de su sistema nervioso (Plata Rueda, E., 1982).

— A las cinco semanas de nacido, el niño sonríe. Los músculos más activos son los de la boca y los ojos, estando estos evolutivamente más adelantados que las manos.

— A las quince semanas, puede controlar la cabeza. En realidad, a los dos meses de nacido el niño se sonríe con la madre y con el médico, lo cual constituye una prueba simultánea de visión y desarrollo mental. A los tres meses debe seguir con la vista y con la cabeza un objeto llamativo o una fuente sonora. Se inicia un período de rápida organización cortical que afecta importantes funciones sensitivo-motoras.

— El niño de cuatro meses que no juega con el sonajero es sospechoso de ser sordo o ciego.

— A los cinco meses, puede controlar las manos.

— A los seis meses, puede darse vuelta sobre sí mismo y alcanzar un cubo al verlo. El *laleo* es prueba de audición y de aptitud para el lenguaje articulado. Puede localizar sonidos e identificar voces, diferenciándolas. Llora en *aaa*. Aparecen los sonidos consonánticos. Gatea. Descubre las manos.

— Al séptimo mes, puede sentarse, hasta cierto punto.

— Al octavo mes, agarra objetos. Aparece la preferencia por una mano y se inicia la habilidad manual.

— En el décimo mes, ya puede levantar el cuerpo. Combina los sonidos consonánticos con la *a*.

— En el undécimo mes de nacido, puede caminar si se le sostiene. Imita los sonidos de algunas palabras. Descubre la atención que se le presta cuando dice "ma-ma", "te-te".

— De uno a dos años, imita sonidos onomatopéyicos. Combina de dos a tres palabras. Puede mantenerse en pie sin ayuda. Comienza a manifestar los esquemas de los objetos, apila y amontona cubos (Piaget, J., 1972).

— Al año se da la reduplicación silábica, índice del entendimiento de algunas palabras, y la aplicación regular de algunos sonidos para indicar personas u objetos (Eccles, J. C., 1992).

— El bebé de año y medio posee un repertorio de tres a cincuenta palabras no unidas en frases; serie de sonidos y patrones de entonación semejantes a un discurso; buen progreso en el entendimiento. Es el período de su reconocimiento en el espejo, la emergencia de la autoconciencia (Eccles, J. C., 1992).

— A los dos años, más de cincuenta palabras; frases de dos palabras más asiduamente; mayor interés en la comunidación verbal; final de los balbuceos (Eccles, J. C., 1992).

— Entre los dos y tres años, corre y usa las escaleras o trepa a los muebles. Responde al nombre. Utiliza palabras y frases. Empieza a emplear pronombres, mío, mi, tú, yo, más o menos en ese orden. Puede representar y dibujar objetos de su entorno. Las dos terceras partes de los niños usan la mano derecha para escribir y coger los objetos.

— Alrededor de los dos años y medio, construye torres de seis cubos; todos los días incorpora nuevas palabras de la lengua materna; construye expresiones de tres o más palabras; parece entender casi todo lo que se le dice; comete faltas gramaticales (Eccles, J. C., 1992).

— Cuando está en los tres años, posee un vocabulario de unas mil palabras; un ochenta por ciento ininteligibles; gramática de sonidos muy aproximados al discurso adulto; fallos sintácticos en variedad, sistemática y predicción.

— De tres a cuatro años, el niño simula las actividades de los padres. Juega y habla con los juguetes; imagina a los juguetes realizando actividades propias de los mayores. Empieza a obedecer las normas con comprensión del significado de ellas, se inicia la conciencia moral y ética. Si al principio le impactaban las líneas y los garabatos de la tiza y las crayolas sobre el papel, ahora comienza a simplificar y surgen formas elementales: cruces, círculos, cuadrados y triángulos; empieza la geometrización práctica. Líneas onduladas recorren las páginas hasta juntarse consigo mismas, cerrando una superficie; luego generará dibujos abstractos por reunión de círculos, cruces y ángulos, un salto que se da en la segunda mitad del tercer año y en el comienzo del cuarto. El círculo dará origen al dibujo de caras para representar a otros como él (Morris, D., 1968). En el tercer año, en realidad, el veinticuatro por ciento de los niños al dibujar una persona traza sólo la cabeza, el seis por ciento le pone pies y ninguno le dibuja el cuello.

— En el período comprendido entre los cuatro y los seis años, se dan los juegos simbólicos y los dibujos se hacen más representativos de los objetos; participa en distracciones y pasatiempos. Al cuarto año de edad, entra en la etapa de las preguntas y se manifiesta mejor su capacidad creativa con el lenguaje, metamorfoseando el significado de las palabras que domina. Puede anudarse los cordones de los zapatos, pero no ha llegado al algoritmo de la hechura del lazo. Hacia los cuatro años y medio, hay ya un lenguaje establecido; anomalías gramaticales restringidas a construcciones inusuales y a los aspectos más literarios del discurso (Eccles, J. C., 1992).

Examen de la iniciación

Retomando una consideración generalmente aceptada, se ha sostenido que, por lo menos, desde cuando nace el bebé inicia, en una complejidad creciente, el planteamiento y validación de interacciones consigo mismo y con su entorno natural y social. Los estudios del desarrollo infantil en los primeros meses de vida conducen a sostener que el comportamiento asumido no es explicable si no se aduce la existencia de una estructura intelectual en autoorganización, que genera y procesa información. En la medida del crecimiento, la manifestada complejidad se deduce de la calidad de las interrelaciones que establece y de la autonomía que configura y reclama para explorar su espacio vital y validar sus construcciones, guiado por la curiosidad.

La curiosidad, desde Aristóteles, se ha aceptado como la impulsora de la actividad intelectual y predomina desde los primeros meses de vida hasta bien entrada la adolescencia, cuando en la mayoría de las personas suele trasladarse a segundo plano. Ella es la que hace que el niño encuentre *objetos* en el medio sociocultural y natural, y que él obre siempre en función de conocimiento (Lorenz, K. 1984) y dé ampliación o reelaboración a la estructura de la conciencia, siendo la conciencia el saber de sí, de lo que se sabe y de ser quien sabe (Scheler, M., 1969).

Por otra parte, los datos anotados en el acápite anterior son manifestaciones externas, hechos psicomotores y lingüísticos que se toman como evidencia del desarrollo interior estructurado del niño. Sobre ellos no se puede pensar en ningún momento que sean actos incoherentes y milagrosos, y la mejor hipótesis ha de ser la suposición de que, como la punta de un iceberg, obedezcan a todo un proceso de maduración psíquica global y motriz, que en cada momento desemboca en la configuración de una cualidad que se ha venido preparando y que resulta indispensable para la continuidad armónica del crecimiento, el cual ha de terminar en la exhibición de las características del ser humano adulto, intelectualmente hablando.

Otra hipótesis habla de la necesidad de construir un esquema corporal, un fantasma de sí mismo (Gallego-Badillo, R., 1986), indispensable para el control de los movimientos autónomos, sobre la base de las estructuras neuronales de control y coordinación. Se trata de la función propioceptiva del sistema somatosensorial, que proporciona información acerca de la posición relativa de las diferentes partes del cuerpo entre ellas y de la posición del mismo en el espacio, así como de la posición estática de las extremidades y de sus movimientos (Kolb, P. y Whishaw, T., 1986). Coordinación y control con objetivos, cuya posibilidad ha de encontrarse en la interiorización y el reafirmamiento de esquemas de acción preparados previamente en el cerebro. Pero la factibilidad del esquema corporal ha de desprenderse de la construcción del propio cuerpo como *objeto de curiosidad*, algo que se manifiesta en la literatura tradicional como "descubrimiento de la corporeidad" o de sí mismo. Una realización que transcurre por etapas.

En lo referente a la relación lenguaje y motricidad, es interesante tener como punto de partida que las lesiones producidas en las áreas del lenguaje del cerebro traen consigo una disminución en la motricidad fina (Geschwind, L., 1980), lo cual podría conducir a postular una relación necesaria entre el desarrollo del lenguaje y el de la coordinación motriz, de tal manera que la detención del desenvolvimiento lingüístico llevaría a una motricidad cuya coordinación precaria se apreciaría como torpeza. Esto es así, aun cuando la complejidad y las múltiples salidas probables del cerebro permitan más tarde que los individuos, mediante entrenamientos, lleguen a perfeccionar en ciertos dominios sus coordinaciones motoras.

El hecho de que a los dos meses de nacido el niño sonría con personas conocidas y que a los tres pueda seguir con la vista un objeto llamativo o una fuente sonora, son actuaciones intencionales y no meras respuestas mecánicas a un estímulo externo. Por tanto, hay que postular un desarrollo del lenguaje paralelo con el de la motricidad, que refleja una estructura de representaciones simbólicas en iniciación; un desarrollo que transcurre en una especie de proceso de no-equilibrio (Prigogine, I., 1985), con etapas en las cuales el lenguaje se adelanta a la motricidad o

146

viceversa, en jalonamientos mutuos. Recuérdese que el niño de cuatro meses que no juega con el sonajero es sospechoso de ser sordo o ciego y que a los cinco meses inicia el control de las manos; a los seis, el *laleo* es prueba de audición y de aptitud para el lenguaje articulado.

Las referencias anteriores sirven para la introducción en el problema del dominio de la lengua materna. Como ya se dijo, de seis a ocho meses aparecen los sonidos consonántico; entre los ocho y los once meses el niño los combina con la *a* y se da cuenta de la atención que le prestan cuando dice "ma-ma", "te-te", aparece la preferencia por una mano y se inicia la habilidad manual, gatea y puede caminar si se le sostiene. Ese gateo no es otra cosa que una exploración intencionada de su entorno. Al pasar el primer año de vida, surgen las primeras palabras de la lengua materna y forma frases en las cuales combina de dos a tres vocablos. Después de los dos años, cuando manifiesta de manera más coherente la construcción de las funciones simbólicas y semióticas, el niño elabora frases y utiliza alrededor de doscientas palabras, además de los pronombres mi, mío, tú y yo, corre y usa las escaleras o trepa a los muebles. La autoconciencia se ha dado hacia el año y medio.

Dan Slobin (1981) investigó las razones por las cuales todos los niños empezaban a asociar primero palabras de dos en dos y sólo cierto tiempo después comenzaban a balbucear frases más complejas, adentrándose en los problemas de las estructuras de su lengua materna. Desde la psicolingüística, disciplina que se inició en los años sesentas bajo la influencia de las ideas de N. Chomsky, Slobin comienza por señalar que el dominio del turco, del francés y del inglés lo hacen los niños de manera análoga y en un tiempo comparable. Los resultados obtenidos le permiten negar la creencia común y corriente de que el dominio de la lengua materna lo alcanzan los bebés por simple imitación del habla de los adultos.

Se refiere a los errores infantiles como indicativos del comienzo de las construcciones personales, es decir, de una puesta en marcha de la capacidad para analizar las estructuras de la lengua materna, una actividad propia de su inteligencia y no una falta de juicio. Sostiene que el niño no puede imitar todas las frases que dirá o comprenderá en el curso de su vida, y que la meta es la adquisición de una gramática, de unas reglas de juego, algo que no podrá conseguir por la imitación mecánica de un conjunto de expresiones. El interactuar con el entorno social y cultural en demanda de una participación activa, le despierta la ambición intelectual de la necesidad de dominar procedimientos de análisis que le permitan apropiarse de los rasgos sintácticos, semánticos y pragmáticos de su lengua materna. Es así como, a partir de los tres años de edad, cuando posee un vocabulario de alrededor de mil palabras, comete fallas sintácticas en variedad, sistemática y predicción. En todo caso, el cometer errores evidencia el ejercicio de una actividad constructiva autónoma.

Slobin, después de demostrar cómo los padres se dedican generalmente a aprobar expresiones consideradas verdaderas o socialmente válidas, y cómo algunos adaptan erróneamente su lenguaje al de los hijos, especifica que la asociación de dos o más palabras marca un progreso lingüístico y un desarrollo conceptual en vías de la socialización. Sostiene, finalmente, que en casi todas las lenguas existe, entre el lenguaje del niño y el del adulto, una etapa intermedia en la cual se da el análisis lingüístico y conceptual, una actividad intelectual en la que se reafirma aquello de que no es imitando a sus mayores como el niño domina su lengua materna, sino, antes que todo, ejercitando su entendimiento.

El dominio de la lengua materna se inscribe entonces en una problemática diferente a la de la creencia popular. El niño ha de aprender que en esa lengua, el animal de cuatro patas y rabo con el cual ha jugado, se llama perro, que en sus rasgos generales es análogo a los otros que se encuentran en el vecindario; es una

148

actividad clasificatoria que ha realizado ya desde antes. Trascender a la generalización de que todos los animales parecidos, independientemente del color, de la forma y aspectos particulares de la cara y de que sean o no agresivos y peligrosos, son perros, implica una construcción significativa que no se halla en la palabra perro, sino en un concepto clasificatorio que se hace sin el agotamiento de todas las observaciones empíricas de todas las razas y variedades de perros que existen. De ahí que los señalamientos particulares no pueden dar origen a un esquema conceptual, sino que el niño ha de construirlo sobre los insuficientes datos con los que cuenta en su entorno cotidiano, y esto lo hace antes de aprender la palabra perro para denominar el conjunto.

Posicionado en otra perspectiva, Vigotski (Schaff, A., 1975) sostuvo que el desarrollo del pensamiento antecedía al del lenguaje, que en los estadios tempranos están separados y que sólo a partir de los dos años, aproximadamente, se unían, haciéndose verbal el pensamiento. Así, el dominio de la lengua materna hace discursivo el pensamiento y el lenguaje se convierte en mediador entre el pensamiento social que circula y el individual creador. A partir de los dos años, el niño hace el descubrimiento de que las cosas en su entorno son referidas con un nombre; que los adultos se refieren a ellas empleando palabras, lo cual lo saca de la camisa de fuerza de tener de ellas una imagen concreta. Se da entonces el predominio del hemisferio cerebral izquierdo sobre el derecho, siendo el primero analítico, secuencial y casi analfabeto en el sentido de imágenes y formas (Eccles, J. C., 1992). Como se sabe, en los primeros meses de vida no parece haber diferenciación entre ambos hemisferios.

M. Foucault (1985) dirá que las palabras y las cosas se entrecruzan y que la naturaleza sólo se ofrece a través de las denominaciones, pues sin los nombres permanece muda e invisible al saber, siendo solamente evidenciada por el lenguaje que la atraviesa. Habría que agregar el intercambio intersubjetivo para el cual el ofrecimiento, a través de las denominaciones, brinda el desarrollo discursivo del niño, mediante la dialéctica instaurada por el pensamiento social que circula y el individual creador, dentro de la cual es factible el desenvolvimiento discursivo social. Porque si se admite que antes del desarrollo del lenguaje se da el del pensamiento, y este se concibe a través de unas representaciones elaboradas por el niño; las cuales guían su actividad curioseante en el entorno, entonces, la naturaleza se las ha ofrecido a este y a su progreso cognoscitivo mediante una labor constructiva.

A. R. Luria (1980) arguyó que la independencia del acto intelectual de la percepción visual directa sólo era observable en niños cuyas edades oscilaban entre dos y dos años y medio; etapa en la cual presentan, en su estructura, formas de análisis discursivo y planteamientos idem de su actividad intelectual, desprendida de la necesidad de una interrelación activa con el mundo social al cual pertenecen, un medio conformado por adultos que se refieren a las cosas sin señalarlas con el dedo, empleando palabras estructuradas sintáctica y semióticamente en frases. Son niños que ya emplean pronombres (mío, mi, tú, yo), lo que indica una distinción de sí y de los otros hablantes.

El análisis de la comprensión de la iniciación del ser humano para hacerse primero persona y después, o en forma paralela, sujeto epistémico, ha de ser inscrito entonces en el problema de la elaboración de representaciones y en las actuaciones intencionales mediadas por ellas, lo cual lleva implícito la construcción de una estructura de significaciones o de generación de significados en la esfera netamente individual y egocéntrica. Dos determinantes conducirán a la intersubjetivación de esas representaciones: en primer lugar, la voluntad intelectual de comunicarlas y de expresar el sentido de las actuaciones que se realizan, lo cual acudirá explicativamente a la naturaleza social del hombre; en

150

segundo lugar, el deseo de responder creativamente a la presión que los adultos y el entorno social y cultural hacen sobre él, de tal forma que el camino metodológico a emprender no sea otro que el dominio de la lengua materna, con lo cual adquiere consistencia crítica la construcción de esa estructura de generación de significado, en el horizonte de la validación a través de la comunicación verbal y fáctica (producción de acontecimientos). En dicho dominio, tendrá mucho que ver la memoria cognitiva del niño (Eccles, J. C., 1992), asociada al hecho de que el orden lingüístico de los adultos se halla concatenado con la sistemática de sus actuaciones en la complejidad de las variaciones reiterantes.

Pero desarrollar significados, hace alusión a una actividad imaginativa ligada a una función semiótica-crítica que ha de moverse en la relación postular-demostrar, adelantar acontecimientos; predecir-comprobar, verificar, en la cual lo supuesto se espera que se corresponda con el esquema de actuación (actitud) en el que los objetos del entorno han de manifestar, al manipularlos, un comportamiento previsto desde el constructo preparado con anterioridad. El niño hará de ellos "objetos del conocimiento" por necesidad de su propio desarrollo intelectual y de ubicación en el conjunto de interrelaciones propias que ya sabe, por experiencia, que no coinciden con las de los adultos. El niño, por autoconciencia, comprende que ha de explorar sus autoconstrucciones en el ámbito empírico de su existencia.

Antes de lanzar la hipótesis más osada entre el conjunto de las aquí establecidas, es menester traer a cuento las palabras de René Dubos (1986), quien es partidario de la idea de que los seres humanos no sólo están afectados por las influencias físicas del medio ambiente, sino, y en mayor grado, por el espacio psicológico y social que seleccionan y crean. Desde los primeros meses de vida, el niño percibe su contexto sociocultural y natural, almacena información sobre él y elabora respuestas que terminan por convertirse en parte de su estructura psíquica (memoria cognitiva).

En la primera fase del desarrollo, la conciencia del entorno no es totalmente pasiva (el niño es el ser más manipulador, interventor y controlador de todos). Después, las respuestas a los estímulos ambientales pasan a ser procesos creativos. El niño se comporta entonces como si estuviese explorando el mundo que lo rodea, en forma selectiva y con propósitos creativos. Tiende a seleccionar las condiciones del contexto más acordes con sus concepciones y trata, cada vez más, de crear un mundo externo y conceptual donde descubrirse a sí mismo y la creación de su realidad sigue una metodología: la del juego.

El ser humano desde su primeros meses de vida extrauterina es un animal que, tan elemental como se quiera, se piensa a sí mismo y tiende siempre a ubicarse de manera activa en su mundo social y natural. En la medida de su desarrollo y mediante la simbolización de la experiencia (intervención para producir acontecimientos) imagina y crea representaciones de él, del mundo exterior y de sus interrelaciones con el mismo. Posee un pensamiento que crece cualitativa y cuantitativamente y, por tanto, una lógica y una sintaxis (algoritmos del pensamiento y la actuación) que le son propias, creadas por él, por lo cual tiene, indispensablemente, que aproximarse a la elaboración de un lenguaje, el cual en sus primeros momentos se manifiesta en los gestos y luego en el uso creativo de monosílabos; está pensando y expresa aquello que su mente configura, lo que su pensamiento determina. Luego, gracias a la memoria cognitiva, por una comprensión siempre autónoma y desde sus propios presupuestos intelectuales, adquiere conciencia de que su comunicación con los seres semejantes que lo rodean es precaria y no avanza; es cuando decide adoptar la lengua materna y responder con ella a las presiones.

El niño se reconoce como un sistema de pensamiento que ha creado una forma de expresión que sabe no adecuada por la intersubjetividad holística y decide saltar a otro: el consignado en la lengua de sus mayores. Inicia de esta manera su crecimiento discursivo y la dialéctica de la validez y verificación social de sus construcciones; se manifiesta ahora el conjunto de contradicciones entre el pensamiento que circula y el suyo. No imita la lengua materna, sino que la adopta críticamente, por el juego de las coincidencias y divergencias significativas y representacionales que él ha creado, además de los acuerdos y aceptaciones que conscientemente lleva a cabo. Algunos padres tratarán de desconocerlo como un ser creador y harán todo por imponerle la *superestructura* conceptual y metodológica en la cual ellos creen y confían.

Si el proceso de adopción crítica de la lengua materna, de iniciación en el mundo social de los discursos, se remitiera a la relación tradicional de enseñanza -aprendizaje, habría que sostener el hecho de que nadie le enseña al niño nada al respecto y, en este contexto, no existe una teoría consistente del aprendizaje que dé cuenta de la mencionada adopción (Chomski, N., 1985). Finalmente en la línea de las hipótesis osadas, sería un punto de avance significativo partir del supuesto de que el niño convierte la lengua materna en un *objeto de conocimiento;* de ahí que juegue con ella inventando construcciones sintácticas que resultan erradas y que luego rectifica.

Las estructuras conceptuales y metodológicas

En los trabajos de Piaget, la idea central y el fundamento para entender su teoría es el concepto de estructura mental. Básicamente, se refiere a la construcción de una organización intelectual que guía la conducta del individuo. Su función es estructurar el entorno para que la persona pueda actuar con efectividad, resultando la elaboración de dicha estructura de sumo valor para la adaptación del individuo (Renner, J. W. and Lawson, A. J., 1973).

En el proceso de desarrollo que transcurre desde la infancia hasta la adultez, dicha estructura se edifica en el cerebro, por lo que no está genéticamente programada en cuanto a las cualidades, detalles y contenidos particulares propios de cada individuo, de donde se concluye que no es trasmisible con la herencia biológica y que, de alguna manera, se prepara desde el sustrato cultural. De acuerdo con Piaget, la construcción y reconstrucción de la estructura del pensamiento es el hecho que subyace en todo proceso de desarrollo intelectual, además, tal estructura controla el contenido y la forma del pensamiento. La estructura que el individuo ha elaborado es el conocimiento que él posee.

Otro investigador que adujo la idea de estructura para edificar su teoría sobre el lenguaje fue N. Chomski. En efecto, distinguió entre la estructura superficial de las oraciones gramaticales, su organización en categorías y frases como señal física y la estructura profunda subyacente, también como un sistema de categorías y frases, pero de un tipo más abstracto (Chomski, N., 1982). Así pues, la persona que ha llegado al dominio de una lengua es aquella que tiene el control de una gramática a partir de la cual genera el conjunto infinito de estructuras profundas y superficiales asociadas, a la vez que determina las interpretaciones semánticas y fonéticas de esos objetos abstractos. Esa gramática ha sido construida por la persona. Los principios que determinan su forma y que seleccionan una gramática de la forma con base en ciertos datos, constituyen un todo que Chomski llamó "gramática universal" y cuyo estudio toca la naturaleza de las capacidades intelectuales del ser humano, ya que trata de formular una organización innata que determina qué constituye la experiencia lingüística y qué conocimiento del lenguaje origina desde dicha experiencia.

No obstante lo dicho, lo cierto es que para Piaget el concepto de estructura (*Gestalt*) es demasiado rígido, estático y automático, por lo que prefiere el de esquema, más flexible y dinámico, según sus concepciones (Gurwitsch, A., 1979). En este contexto, todo esquema surge de los anteriores mediante la asimilación recíproca de los mismos y la acomodación a la realidad externa. Todos los esquemas conforman una totalidad y son los organizadores de las sensaciones y las percepciones, a las que les confiere sentido. Hay esquemas para la percepción, para el razonamiento y para la acción, en ese integrado holístico. Cada uno es la cristalización de procesos y actividades funcionales en los que priman tendencias opuestas hacia la asimilación y la acomodación, hasta alcanzar el equilibrio. Piaget planteó que cuando se consideran los factores internos (maduración) y los externos (acciones del medio), entonces toda conducta es una asimilación de lo dado a esquemas anteriores y toda conducta es, al mismo tiempo, acomodación de estos esquemas a la situación actual del individuo (Piaget, J., 1985). Por tanto, toda teoría del desarrollo ha de acudir a la idea de equilibrio, ya que toda conducta tiende a asegurarlo entre los factores externos e internos o, más generalmente, entre la asimilación y la acomodación.

Afirmó, igualmente (Piaget, J., 1981), que los conocimientos se derivan de la acción, por lo que conocer un objeto es operar sobre él y transformarlo para captar los mecanismos de esa transformación en relación con las acciones transformadoras. Por consiguiente, en todos los niveles, la inteligencia consiste en una asimilación de lo dado a estructuras de acciones elementales a estructuras operatorias superiores, de donde las estructuras consisten, entonces, en organizar lo real en acto o en pensamiento. Supone la existencia de unos mecanismos funcionales que determinan la dinámica de las estructuras, y que llevan a la realización de las operaciones. Las relaciones que regulan esas operaciones son las que posibilitan formular e identificar el tipo de estructura (prelógica, lógica concreta, etc.).

Una de las críticas a Piaget (Gurwitsh, A., 1979) señala su aceptación de la noción tradicional dualista de la percepción, al no fundar la teoría de la asimilación y de la acomodación en un concepto de la organización. Así pues, existen, por una parte, las impresiones y las sensaciones, concebidas como dependientes exclusivamente de los estímulos y de la excitación localizada en los sentidos, y, por otra, los factores mediante los cuales se agrupan y organizan esas sensaciones, convirtiéndose en percepciones. Estos factores son los esquemas mentales. Tales ideas dualistas son contrarias a las corrientes para las cuales las sensaciones no son sólo datos caóticos y dispersos que han de ser organizados mediante agentes extrínsecos. En verdad, Piaget concibe la percepción como la elaboración de un esquema determinado, es decir, como la organización, más o menos rápida, de los datos de los sentidos, en función de un todo de actos y movimientos. Habría por tanto que concluir, que el significado es el objeto de la percepción, mientras que el reducido grupo de cualidades sensibles sobre las cuales informan los sentidos constituye el significante. Se perciben las propiedades individuales del objeto en el objeto mismo, pero sólo porque ha tenido lugar una serie de construcciones y transformaciones intelectuales, mediante las cuales se le da el carácter de realidad a los pocos datos que se obtienen.

En las presentes anotaciones, se piensa más bien en un sujeto activo que hace aparecer las cualidades de las cosas desde su estructura conceptual y metodológica, por una actuación cognoscitiva sobre ellas, haciéndolas que signifiquen y quepan dentro de los propósitos que se persiguen y que llevan a operar sobre ellas y a transformarlas, con el fin de verificar una serie de supuestos estipulados desde esa estructura, y de los esquemas metodológicos de la operación y la transformación. Ese hacer emerger las propiedades que se presuponen es, precisamente, aquello que da origen a las controversias sobre la naturaleza de los objetos.

Otra crítica a Piaget es la que señala su platonismo inherente a los planteamientos que hace sobre la sucesión de niveles o esquemas operatorios, existentes por sí mismos, y que colocan como meta superior el lógico-formal. Súmese a lo anterior el hecho de que se trata de un punto de vista parcial fundado en los logros de la cultura europea, desde una concepción de la lógica. Y no ha de hacerse un llamado al supuesto universalismo como justificación de que el desarrollo de la inteligencia en el niño tiene que proceder de determinada manera, y aquel que no cumpla este requisito será un retrasado. Desde otra lectura de ese desarrollo, podría concluirse que los esquemas operatorios son construcciones del niño, de conformidad con la cultura y las creencias dominantes en el medio, que privilegian unos, permitiendo que afloren y se perfeccionen.

Para el autor de estos apuntes, las estructuras conceptuales y metodológicas constituyen la forma como el individuo organiza sus representaciones con el fin de expresarlas en los lenguajes correspondientes, por la vía de las relaciones intersubjetivas de comunicación, y dirigir las actuación hacia unos resultados deseados. Ellas son entonces un autoordenamiento de la subjetividad, una estructuración de sí mismo, a la vez que una organización de la realidad exterior, del escenario apropiado que posibilita el éxito relativo de las múltiples actuaciones para la intervención, la regulación y el control. En este sentido, es postulable una dialéctica interactiva de ambos ordenamientos.

Una observación de las diferentes actividades experienciales humanas, dentro de una sociedad civil, conduce a concluir la existencia de múltiples y variadas actuaciones de los distintos individuos y colectivos y, por tanto, de ordenamientos que se entrecruzan unos con otros, se complementan o se contrarían en una competencia conforme a reglas y pactos acordados. De ahí, pues, que quepa la afirmación de que cada una de esas actuaciones estén arregladas según unas estructuras conceptuales, metodológicas y actitudinales producto de las relaciones de intercambio de todo orden que se dan en la sociedad.

Es indispensable reiterar, con el fin de no caer en veleidades mecanicistas, que los componentes de las estructuras conceptuales y metodológicas (representaciones), en sus relaciones complejas y dinámicas, están ligados entre sí, conformando una organización holística. Estos enlaces, como se ha venido sosteniendo, no son rígidos y no se encuentran relacionados unos con otros como si fueran los eslabones de una cadena. Por el contrario, existe el convencimiento de que todos ellos se enlazan entre sí de forma móvil y no permanente, en principio (gracias a las representaciones que ellos representan), generando permanentemente nuevas configuraciones; por ello es posible siempre la existencia a partir de los mismos elementos, de un número plural de estructuras conceptuales, metodológicas y actitudinales y, por consiguiente, de las diferentes formas de concebir y ordenar el mundo para actuar en él. La idea esbozada se entronca con lo postulado por Novak y Gowin (1988) sobre los mapas conceptuales, en cuanto a las jerarquizaciones que se hacen utilizando conceptos considerados más inclusivos y que direccionan la organización de un mapa conceptual; conceptos que pueden ser cambiados por otros de la misma naturaleza, lo que produce una reorganización u otro tipo de jerarquización. No obstante, es de esperarse que el éxito relativo de una estructura conceptual, metodológica y actitudinal, dentro de las muchas posibles para un número finito de conceptos, la rutinice y la endurezca, fijando una única manera de concebir, pensar y ordenar la realidad extrasubjetiva (que es realidad por el hecho de ser un ordenamiento), para actuar siempre siguiendo el mismo algoritmo.

Por otra parte, trayendo de nuevo a cuento el problema de las intencionalidades, en combinación con lo anotado sobre la posibilidad de existencia de muchas estructuras conceptuales, metodológicas y actitudinales, y utilizando los mismos conceptos, se ve cómo esta posibilidad constituye un fuerte argumento para dar cuenta del libre albedrío, de que cada quien se manifieste, actúe o quiera aparecer ante sí mismo como crea más conveniente para él y para los demás; salvo en los casos de "parálisis conceptual, metodológica y actitudinal". Así pues, en principio no es propio del ser humano ser y manifestarse como tal de una única manera. El se hace aparecer a sí mismo de conformidad con la organización que autónomamente le da sus conceptos, generando la estructura conceptual, metodológica y actitudinal que considera más adecuada para una actuación necesaria. De hecho, esa libertad se halla restringida por los demás y por el ordenamiento social, cultural, político y económico que determina la realidad general en el seno de la cual se pretenden los logros que la intencionalidad estipula.

Resulta interesante poner de relieve el juego significativo que la construcción de representaciones por parte del sujeto epistémico permite. En efecto, dicho acto de la conciencia es un representarse el mundo, y a sí mismo en tal mundo, construido como condición sine qua non de una actuación intencional derivable de esas representaciones organizadas en estructuras conceptuales, metodológicas y actitudinales. Por consiguiente, es lógicamente admisible que ya desde el hecho mismo de la actividad constructora de representaciones, el sujeto epistémico se haga aparecer de manera libre, como desea sentirse y ser visto. Aquí radica la real autonomía del espíritu.

En una anotación final, hay que volver a puntualizar lo referente a que las teorías son un ordenamiento conceptual, metodológico y actuacional de la exterioridad, con el fin de una experiencia posible (intervención, control y dominio); posibilidad que se asegura y garantiza desde dicha teoría, lo que le da su contenido predictivo. Esas teorías son sistemas de estructuras conceptuales, metodológicas y actitudinales coordinadas lógicamente y con sentido, dependiendo este del marco de referencia o de representación. Con miras al ordenamiento para la actuación, su configuración en programas de investigación (Lakatos) determinará cuáles son los núcleos firmes y cuáles los cinturones protectores, siempre según el parecer de la comunidad de especialistas. De cualquier manera, no existiría una delimitación fija al respecto, en razón de que no hay unas conceptualizaciones puras aparte e independientes de los aspectos fundamentalmente metodológicos. En el caso de los conceptos científicos, como ya se demostró, en su construcción se dan los procesos empíricos e instrumentales de verificación que les son inherentes a cada uno de ellos.

La formación del sujeto epistémico

El niño nace de una pareja que comulga, hasta cierto punto, con una serie de suposiciones y creencias básicas sobre cómo éste se desarrolla, cuáles son las cualidades que identifican a la inteligencia y qué debe hacerse para que dicho proceso de crecimiento intelectual sea lo más normal posible. Dependiendo de si es mujer o varón, sufrirá el tratamiento que los padres crean efectivo, con el fin de que se desempeñe en el futuro dentro del papel que la sociedad en su conjunto cree que le corresponde a cada sexo. La situación económica y el contexto cultural de esa pareja encaminará, de alguna manera, la elaboración de unos intereses y unas actitudes, como también los horizontes de vida productiva de mayor prestancia para el grupo y la sociedad a la cual se pertenezca. En una comunidad cerrada y fraccionada, la pertenencia a un grupo generará e impulsará la creación de unas ambiciones y expectativas intelectuales, económicas, sociales y culturales. Otros tratarán de hacerlas desaparecer aduciendo múltiples justificaciones.

De la misma manera, poseen su peso específico relativo las ideas que tengan los padres sobre lo humano, la sociedad, la naturaleza y la educación en lo referente a su importancia y manejo. En una sociedad urbana moderna, en la cual el control se haya diluido, estos serán los fundamentos a partir de los cuales la persona se autoconstruirá como tal, es decir, el ámbito de lo educativo con toda su carga de suposiciones y creencias, de estructuras conceptuales y metodológicas que circulan en el grupo al que pertenece, contra las cuales ha de establecer una dialéctica de admisiones y desacuerdos. Y es así porque las nuevas generaciones no son copias de los padres ni reproducen con papel carbón las ideas y actuaciones de estos (Giroux, H., 1983).

La tesis central afirma que el sujeto epistémico se forma en el interior de comunidades de especialistas, de conformidad con la opción de vida que haya asumido y según el sistema educativo haya contribuido o no a la construcción y transformación de sus intereses y actitudes en dicha dirección; algo difícil de lograr cuando la tarea central del proceso es la trasmisión de unos contenidos a repetir de memoria y cuando se cree que saber es decir lo que los libros y los profesores cuentan al pie de la letra. En este sentido, las comunidades científicas se reproducen críticamente cuando a ellas llegan jóvenes con ambiciones y expectativas intelectuales y ponen en ejercicio los procesos pedagógicos que han elaborado para tal cometido. Son pues, comunidades epistémico-pedagógicas. Lo último por lo ya afirmado; lo primero porque producen conocimiento que difunden a través de las revistas especializadas y que sólo pueden decodificar quienes manejan el lenguaje en que están expresados.

Esos procesos formativos, en una universidad fundada en la investigación (Erazo Parga, M., 1992), han de perseguir las transformaciones conceptuales y metodológicas, así como de las actuaciones concomitantes, a la vez que han de reafirmar los intereses y actitudes por los necesarios refinamientos. Es este el componente pedagógico, mientras que el didáctico tiene que ver con el enseñar a leer y a escribir en el saber de que se trate y en el de aquellos que lo apoyan en su constitución. Un aprendizaje de la lectura entendido, también, como cualificación para poder leer, de manera sistemática, el trozo de realidad individual, social o natural sobre la que se ocupa la comunidad de especialistas a la cual se aspira pertenecer activamente.

La tesis, *mutatis mutandis*, es igualmente válida para otros campos que no son estrictamente académicos. Una persona se forma como comerciante mediante el aprendizaje de las formas de hablar de dicho sector, sus comportamientos característicos, el "olfato" para los negocios, las maneras más adecuadas para plantearlos y llegar al cliente, la interpretación del movimiento del mercado y las reacciones de los potenciales compradores. Uno se forma como miembro de la sociedad civil dentro de ella, y no por una educación signada por el transmisionismo repeticionista.

Habría entonces que proponer no la formación del sujeto epistémico, sino la construcción y dinamización de las comunidades académicas de especialistas o las llamadas comunidades científicas (Kuhn, T. S., 1971). Ellas se encargarán de reproducirse críticamente, generando el nicho social y conceptual en el cual se autoconstruyan los sujetos epistémicos que reemplacen a los activos que vayan desapareciendo, como consecuencia del término natural de toda vida humana. Una comunidad científica, por tanto, al ser epistémico-pedagógica, puede ser imaginada como un grupo de maestros rodeados de nóveles discípulos, comprometidos todos, en mayor o menor grado, con la producción del conocimiento, en el contexto de una competencia con otros grupos en el mismo campo. Si no hay comunidad científica y pedagógica real, la autoconstrucción del sujeto epistémico es aleatoria, con una probabilidad infinitesimal.

Esta autoconstrucción del sujeto epistémico es un proceso que no ocurre a última hora ni obedece a una transformación conceptual y metodológica milagrosa. Responde a un largo recorrido que se inicia desde el preescolar, continúa en la primaria y sigue en la

162

secundaria hasta desembocar en el pregrado universitario y alcanzar su máxima cualificación en los programas de posgrado. En este sentido, adquieren uno de sus significados las diferentes ciencias y disciplinas de los currículos de la educación sistemática institucional y preuniversitaria. Ellas están para ofrecer una oportunidad formativa y de construcción de intereses y actitudes en una de ellas, de tal forma que el educando escoja la opción de vida que crea más conveniente para dedicarse a producir en su interior y pedir su ingreso a la comunidad de especialistas respectiva (una comunidad científica no es un sindicato de profesionales). Los otros objetivos de aculturación, socialización y desarrollo personal distintos, pero no separados de lo anterior, son también válidos.

La necesidad de predecir

Actuar con éxito en el mundo es de sí un problema para todos; la cuestión hay que entenderla en términos de resultados, lo cual significa adelantarse a los mismos con el fin de preparar las respuestas y los comportamientos adecuados. Esta es la situación básica a la que se enfrenta todo ser humano con un proyecto ético de vida. Al respecto, la historia informa de todos los intentos hechos para conocer el futuro, incluyendo la adivinación a través de suposiciones sobre el curso de los acontecimientos de la realidad extrasubjetiva, que le atribuyen a ella una razón de ser. De hecho, las cosas son así, precisamente, porque se busca una realización, una autoconstrucción como persona, que es propia de la inteligencia. Los otros animales con los que se comparte el planeta no sufren dicha angustia.

Uno de los sistemas de predicción más valorados por la civilización actual surge de la ciencia y la tecnología, y una teoría científica para ser admisible como tal descansa justamente en su capacidad para predecir hechos distintos a los que la fundamentan, de tal forma que el cumplimiento de los mismos se constituye en apoyo empírico de ella y sustentación de su mantenimiento (Lakatos, F., 1983). En esa capacidad radicó la confianza del programa newtoniano y su dominio por más de siglo y medio, reduciendo el mundo a una organización mecánica en la que, al igual que un reloj, gira sobre trayectorias fijadas de antemano, según las ecuaciones diferenciales lineales mediante las cuales era definido, descrito y explicado.

La realidad tiene que ser ordenada y encuadrada dentro de unos presupuestos determinados, organizando y sometiendo sus elementos a unas interacciones especiales con el fin de que se den los resultados requeridos para un proyecto específico. Y el ser humano lo sabe, por eso es un organizador, un empresario, aun cuando reduzca esa realidad a algo que no es propio de ella y la despoje de su historia.

El razonamiento requerido para confiar en la predictividad se encuentra en la relación causa-efecto, o sea, en el supuesto específico de que una causa dada produce siempre el mismo efecto y en la misma magnitud, tal cual como sucede en los sistemas mecánicos. Esa relación proporcional es la que se haya implícita en las ecuaciones diferenciales lineales empleadas en las teorías científicas que han dominado hasta el presente. No obstante, hoy se ha producido una revolución, en la que se da por establecido que el mundo no obedece a una linealidad, por lo que la relación causa-efecto no se cumple en la proporcionalidad en la que se ha confiado. Aparecen hechos sorprendentes que requieren ser descritos y explicados aludiendo a causalidades de otra índole, a constructos teóricos en los que el mundo no es reducible a un aparato tecnológico.

Por otra parte, en lo social no debe olvidarse que la exigencia de la sujeción a reglas, normas y leyes tiene, entre otras justificaciones, la de poder interactuar dentro de la probabilidad de que se pueda predecir el comportamiento de los demás. Cuando esto no sucede, se cae en el desorden y la comunidad de que se trate no puede llegar a las metas que colectivamente se ha trazado; aparece como carente de un proyecto histórico.

De la enseñanza y del aprendizaje

Dos puntualizaciones sirven de base para pensar el problema de la enseñanza y del aprendizaje en la dirección de la autoconstrucción del sujeto epistémico. La primera, ya adelantada, afirma que esa autoconstrucción transcurre en el interior de una comunidad de especialistas que combina lo epistémico con lo pedagógico y didáctico. Ella no es más que un caso particular del hecho general, compartido por todos, acerca de que la formación de la persona es un proceso de socialización y aculturación activa y crítica, en el seno de un colectivo social, cultural, económico y político, dentro del cual circulan una serie de creencias y suposiciones básicas sobre la naturaleza y su funcionamiento, así como el de los individuos y la sociedad, todas ellas vinculadas orgánicamente al conjunto, complejo y variado (sociedad abierta), de estructuras conceptuales y metodológicas que canalizan, justifican y permiten la ordenación del entorno social y natural para la intervención, el dominio y el control; de la misma manera, normas y preceptos éticos y morales, como también los distintos horizontes de realización individual y colectivos que son considerados admisibles.

La segunda hace referencia a la distinción entre "educación natural" y "educación institucional" (Gallego-Badillo, R, 1992) que determinan los presupuestos y la impronta del perfil del colectivo y de los individuos que a él pertenecen, y la oportunidad para una formación básica y general en la cultura académica de los tiempos que corren, así como el espacio para la construcción de intereses, actitudes y desarrollo de habilidades del pensamiento y la actuación con miras a la integración a una comunidad de especialistas y al autoconstruirse de cada quien como sujeto epistémico, propiamente dicho, en los últimos niveles de la educación institucional.

Para nadie es un secreto que el currículo de la educación institucional es una ordenación de los saberes académicos de las ciencias, disciplinas y prácticas sitemáticas, las cuales son, a su vez, sistemas de ordenamientos con sus representaciones organizadas en estructuras conceptuales, actitudinales y metodológicas. Por eso, en las ciencias y en las disciplinas, los objetos del conocimiento son sistematizaciones de la realidad para la intervención cognoscitiva y práctica a partir de las estructuras conceptual, metodológica y actitudinal, que hacen factible esas sistematizaciones y con ellas el lenguaje propio de cada área, lo cual es una de las formas de expresión de cada ordenamiento particular. Así pues, educar es introducir al alumno en esas clases de ordenación, que se manifiestan en las estructuras conceptuales, metodológicas y actitudinales, como en el lenguaje característico.

Lo afirmado no da pie para sostener una separación tajante entre la educación institucional y la natural o una especie de ruptura total entre ambas. Sin embargo, la discontinuidad es pensable en aquellos casos en los cuales se persigue la instauración de un ordenamiento revolucionario en todos los planos de la existencia social, económica y cultural. Aun así, y como la historia reciente parece demostrarlo, la tradición posee un peso de influencia significativa que no puede ser barrido de la noche a la mañana.

Recapitulando, cuando de la sociedad civil se trata, cada ser humano nace en una familia que hace parte de una comunidad de especialistas, ya sea académica o no, incluyendo el sector de la burocracia oficial sostenida o no por el "clientelismo político", con su carga de corrupción, tráfico de influencias e ineficiencias y la empleomanía que la caracteriza. En todo caso, puede hablarse de esa comunidad en la cual se nace señalando la existencia de una tradición, el dominio de unas estructuras conceptuales, metodológicas, actitudinales, éticas y morales y de un tipo de ambiciones y expectativas, con unos procesos formativos que canalizan el sentido de lucha entre las construcciones individuales y las aceptadas por la familia. En este contexto se da la educación natural primera, la cual se verá perturbada por las interacciones que se establecerán con la gente de la calle y otros núcleos familiares distintos a la parentela. Igualmente, la educación institucional realizará un trabajo análogo, de conformidad con el proyecto social, político y económico que la encauce.

Con mayor precisión, todo individuo nace dentro de un orden social, cultural, económico y político que se traduce en los juegos del lenguaje, en las actuaciones colectivas básicas de los adultos, en las reglas jurídicas, éticas y morales y en los sistemas de creencias y suposiciones básicas. De la misma manera ocurre en la disposición del espacio urbano como en el privado de la casa de habitación. Este ordenamiento constituido por la generación adulta hace que las cosas y los acontecimientos, como posibilidad de experiencia, se ofrezcan al recién nacido y al niño en las secuencias e interacciones que ese orden determina, de tal forma que, de alguna manera, canaliza la clase de representaciones que están en condiciones de elaborar y, en consecuencia, la autoorganización de ellas en estructuras conceptuales, metodológicas y actitudinales.

Establecido lo anterior, una aproximación al aprendizaje hablará de este como un proceso en el cual se encuentran imbricados fenómenos biológicos (la memoria cognitiva y los procesos neuronales para el procesamiento de la información); psicológicos, en cuanto lleva implícito actitudes, intereses, motivaciones, ideales, expectativas y ambiciones; epistemológicos, si se mira como un cambio conceptual metodológico y de las creencias y suposiciones básicas, y sociales, en la doble conexión de la socialización y aculturación, la pertenencia e ingreso a la comunidad en la medida que se acepten y respeten las reglas y normas por ella establecidas, así como se valida en los constructos mediante la comunicación, es decir, a través de la interacción cognoscitiva intersubjetiva que afianza y le da sentido a la objetivación de los mismos. Concebido de esta manera, no hay razón para pensar en un aprendizaje restringido a la repetición memorística de informaciones impartidas por los profesores.

En una sociedad cerrada y regida por un dogma central que todos deben acatar, profesar y defender, la educación, tanto la natural como la institucional, desconoce al alumno como constructor de sus representaciones y estructuras conceptuales y metodológicas y le impone, con penas y castigos, aquello que por mandato debe saberse. Por el contrario, en una sociedad abierta e impulsora de la creatividad se parte de lo que el estudiante ya sabe, de tal forma que el proceso de enseñanza y de aprendizaje se transforma en una relación de intercambio conceptual y metodológico, en la cual tanto los docentes como los discentes aprenden, siempre teniendo en la mira la elaboración de nuevas y mejores ideas sobre aquello de lo cual se trata en las clases. Se supone que el saber del profesor, como representante de una comunidad de especialistas, es un programa de investigación que ha superado una gran cantidad de pruebas, por lo que en el juego de las demostraciones ganará para su comunidad a los estudiantes interesados.

El aprendizaje, desde el punto de vista constructivista, podría resumirse en la afirmación de que nadie aprende hasta tanto no haya elaborado un "cuento" sobre lo mismo y haya demostrado en actuaciones lógicas o experimentales, la consistencia y aceptabilidad de lo construido. Dicha construcción ha de ser necesariamente una estructura conceptual y metodológica que se aproxime de alguna manera a la que, al respecto de aquello de que se trata, circula dentro de la comunidad de especialistas o, por qué no, la supera. Siguiendo el principio de que nada nace de la nada, el aprendizaje constructivista procede de un cambio o transformación del nicho de suposiciones y creencias básicas sobre la estructura y funcionamiento de la porción de realidad que se trabaja, de las estructuras conceptuales y metodológicas que el aprendiz ha elaborado siguiendo dichas creencias y suposiciones, como también de los intereses y actitudes que ella despierta y, por tanto, de las representaciones y lecturas sistemáticas.

La pregunta que subyace en el postulado constructivista interroga por la necesidad de introducirse en todo proceso que conduzca a la transformación o cambio de lo que se ha elaborado. La respuesta supone que la persona, de conformidad con sus ambiciones y expectativas intelectuales, acepta parte de las suposiciones, creencias, estructuras conceptuales y metodológicas que le suministra la tradición, ya sea porque concuerdan con las que ella ha construido o porque no está interesada en adentrarse en dichas problemáticas. En este orden de ideas, la actividad constructiva se centra en el deseo de llegar a constructos significativos en un campo particular. La persona cree que obtendrá el reconocimiento y el éxito que se ha propuesto y para el cual supone que posee dotes especiales, talento. Se trata, en todo caso, de una selección racional.

Pero, ¿qué impulsa a una persona a desear la pertenencia a una comunidad de especialistas para ocuparse de ser constructivo en el área de dicha especialidad? A la mano se tiene la combinación de tres determinantes para elaborar una respuesta aceptable: a) la tradición familiar, b) los procesos educativos naturales y sociales vividos y c) el entorno sociocultural y económico que valoriza la opción y despierta y fortalece las ambiciones y expectativas intelectuales, económicas y de reconocimiento social.

Por tanto, un aprendizaje acomodado en el transmisionismo repeticionista supone: a) una aceptación pasiva del aprendiz a lo dado, un sometimiento a los constructos de una comunidad cualquiera; b) una carencia de ambiciones y expectativas intelectuales en dicha área; c) la baja competitividad de esa comunidad y d) que la dogmática de esa comunidad no admite otro tipo de aprendizaje e innovaciones significativas y usa su poder para admitir o excluir.

En general, los fundamentos del aprendizaje constructivista son aquellos que sostienen que el ser humano construye representaciones de sí mismo, de la sociedad y de la naturaleza. Esas representaciones se organizan en estructuras conceptuales y metodológicas polivalentes. Que esas estructuras y representaciones no son independientes del medio sociocultural, económico y político. Que a partir de ellas se dan las actuaciones (comunicativas, afectivas, artesanales, científicas, tecnológicas, comerciales, etc.). Que las lecturas sistemáticas se hacen desde esa forma de ser y de actuar en el mundo. Que toda lectura es una interpretación o decodificación de la información que se recibe. Que toda decodificación transforma el mensaje para ser asimilado y que, en algunos casos, transforma la estructura conceptual y las representaciones que les son inherentes, siempre y cuando exista la disposición para que esto ocurra.

Por otra parte, si el aprendizaje es un fenómeno mediado por la comunicación y las actuaciones pedagógicas, con miras a generar un cambio o una transformación, la enseñanza ha de buscar poner en común los códigos, esto es, debe compartir la clase de representaciones que suscitan. Ello significa ponerlas sobre el tapete para hacer las contrastaciones debidas, por lo que el docente ha de explorar aquello que los alumnos quieren decir o representan con esos códigos. Es aquí donde tiene cabida aquello de que enseñar es ayudar a aprender a leer y a escribir. Ahora bien, como las representaciones se organizan en estructuras conceptuales y metodológicas, la puesta en común develará los acuerdos y diferencias.

De ahí que: a) habrá adopciones críticas (asimilaciones) del saber comunitario especializado, lo cual implica reconstruir las representaciones para adecuarlas a las de la comunidad; b) de alguna manera esa adopción crítica produce transformaciones en las estructuras conceptuales y metodológicas; c) esto garantiza la tradición comunitaria y la adaptación del individuo a ella; d) la adopción será siempre parcial, por lo que se mantendrán las aceptaciones y diferencias; e) la relación entre los acuerdos y discordancias es un conflicto epistemológico, psicológico, social y cultural para cada aprendiz, del cual se deriva el sometimiento o la lucha por el reconocimiento de las construcciones propias y distintas y f) el sujeto epistémico emerge allí donde él valoriza sus diferencias y, por tanto, se ve en la necesidad obligatoria de demostrarlas, aceptando las reglas que para tal efecto ha elaborado y aprobado la comunidad, como también los términos y la gramática que ella admite.

Pero ¿cuáles son las bases sobre las que el aprendiz hace la adopción crítica de la tradición comunitaria y cuáles las que le permiten mantenerse en sus creaciones autónomas? Un listado de ellas puede ser el siguiente: a) un acuerdo relativo en las representaciones, b) una garantía de éxito en las actuaciones demostrativas; c) un seguimiento de las reglas para atenuar el conflicto y d) una confianza en la coherencia y la lógica interna de las representaciones y la estructura conceptual y metodológica que se poseen.

En una visión global del proceso y con miras a una educación integral, la enseñanza y el aprendizaje deben ser entendidos como la ayuda y un logro de la transformación holística, tanto de las representaciones, las estructuras conceptuales, metodológicas y actitudinales, los lenguajes y las actuaciones, como de los intereses, las motivaciones, la nacionalidad, la afectividad, la eticidad, la politicidad, la esteticidad, la religiosidad, la sexualidad, el proyecto de vida y todas aquellas cualidades que caracterizan al ser humano y cuyo listado siempre tendrá el defecto de ser incompleto. De hecho, qué tan exhaustivo sea y cómo se integran esas cualidades y formas de ser y de actuar como totalidad dependerá del saber logrado por los educadores, la comunidad de especialistas y la sociedad dentro de la cual se lleve a cabo ese proceso educativo.

Autonomía y autoridad

Formado en un sistema de producción de saberes que exige por la competencia intelectual, y no en uno trasmisor y repetidor de experiencias ajenas, el sujeto epistémico está consciente de que debe ganar autoridad para pertenecer plenamente a la comunidad; construye argumentos para que ella le otorgue autoría académica, científica y profesional. Y llegará a poseer autoridad pues ha buscado poseer autoría, ya sea porque ha construido una estructura conceptual y metodológica revolucionaria en su campo o ha producido innovaciones significativas o porque, sencillamente, él es el autor de sí mismo y ha elaborado un marco de referencia sobre lo mismo, así este no goce de espectacularidad y renombre, de tal manera que amerite una publicación en una revista especializada.

Se puede tratar de una autoridad mínima demostrada cuando dice aquello que sostuvieron Newton, Kant, Mendel, Piaget, Descartes, Aristóteles, Durkheim, Bernstein, Saussure, Einstein, etc., de acuerdo con la especialidad en la que realiza su práctica profesional; cuando hace una afirmación no trivial y puede sostenerla y demostrarla con suficiente rigor y nivel intelectual. No es pues el sujeto epistémico un especialista en Newton, Bernstein, etc., salvo que sea un historiador. De lo contrario, como se expresó, es un repetidor de palabras ajenas, de algoritmos o mecánicas de actuación inventadas por otros, así se diga y pregone a los cuatro vientos que se es constructivista.

Cuando una persona se pone de pie frente a un grupo (*episteme*: erguirse por encima de) y sostiene lo que Auguste Comte afirmó, pero aclara que ella piensa sobre lo mismo de manera distinta, en ese momento se está nombrado a sí misma (y lo demás son falsas modestias), en ese instante se reconoce, se sabe un ente autónomo, posee una autonomía otorgada por la comunidad académica. De hecho, esa autonomía ha de haber empezado a configurarse desde antes, en el tiempo en que decidió no ser un esclavo mental y comenzó a pensar por sí mismo, con coraje y valentía, de conformidad con las ambiciones y expectativas intelectuales propias que lo impulsarán a sobresalir, a ser el mejor en su campo.

Al ser sujeto epistémico, una persona que se ha atrevido a formular estructuras conceptuales y metodológicas alternativas y las ha sometido frente a la comunidad, a las demostraciones lógicas experimentales, es entonces un ser con experiencia, es una persona experimentada, y no simplemente un individuo entrenado y obligado a la repetición mecánica de fórmulas y definiciones que, también, es útil a la comunidad pero a quien no le interesan el renombre ni la distinción académica. La autoconstrucción de ese sujeto epistémico con autoridad y autonomía precisa de una comunidad científica tolerante y respetuosa de las ideas de los demás (algo que se da por supuesto), por más estrafalarias que ellas sean. Que se reconozca como otorgadora de la autoridad porque ella o sus miembros poseen autoría, son autores, y no porque la autoridad les haya sido conferida por el poder político.

Anotaciones complementarias

Hilvanar un discurso sobre el aprendizaje humano y los efectos que en él tiene la enseñanza, es una tarea que en cada época retomarán los teóricos de dicho campo, incorporando en sus disertaciones los logros en la neurología, psicología cognitiva, lingüística, semiología, epistemología, sociología y antropología cultural. Vista la problemática de esa manera, la conclusión más acertada habla en favor de un estar frente a una complejidad inherente a la naturaleza del ser humano. Es esta la razón por la cual se apunta aquí a sólo poner de presente unas cuantas anotaciones que deben ser tenidas en cuenta a la hora de una disquisición sobre el tema.

Comiéncese por admitir que el cerebro humano es una organización holística, en cuyo funcionamiento se integran distintos niveles neuronales de procesamiento de señales, de información y de significados, siendo esta última la característica singular del animal inteligente por excelencia, por cuanto es el único que construye significados e información, los cuales codifica en signos orales, gestuales o escritos. Mucho más allá, los significados se integran en grandes unidades: los discursos descriptivos, los explicativos y los descriptivo-explicativos.

Al respecto, a partir de Karl Buhler se suele especificar una serie de funciones del acto del habla (Popper, K., 1980), las cuales, sin considerar los mandatos, las exhortaciones, los consejos, etc., se sintetizan en las funciones expresiva, señalizadora, descriptiva y argumentadora. La expresiva hace referencia a las manifestaciones exteriores de los estados internos, en especial de los afectivos. La función señalizadora presupone la anterior y el ejercerla conduce a una reacción en un animal o en un ser humano, cuando la autoexpresión es tomada como una señal o aviso de algo. Tanto el ser humano como los animales comparten ambas funciones. Las que se presentan a continuación son típicamente humanas.

La función descriptiva, sobre la base de las anteriores, además de expresar y comunicar, afirma K. Popper, realiza enunciados que pueden ser verdaderos o falsos, es decir, implican el tener en cuenta criterios comunitarios de verdad o falsedad. La otra función del lenguaje es la argumentadora, que introduce el problema de la validez o invalidez de los argumentos. Se podría, entonces,

174

hacer referencia a descripciones falsas o verdaderas y a explicaciones válidas o no válidas. En general, estas dos funciones superan la limitante de concebir el lenguaje como sólo expresión y comunicación, pues si así se hace, se pasa por alto, como hizo el conductismo, todo aquello que es específico del lenguaje humano frente al del animal: su capacidad de elaborar enunciados verdaderos o falsos y de construir argumentos válidos o inválidos. Siguiendo a K. Popper, en estos aspectos ha de ubicarse la idea de que el cerebro es una organización de significados y de significación, por encima de un sistema que codifica y decodifica señales e información.

Dado lo anterior, para una teoría del aprendizaje cognitivo y de una enseñanza que lo concite, se debe centrar el análisis en cómo se construyen significados y cómo son tratados en las relaciones intersubjetivas, con el fin de ir más allá de la analogía con el computador, es decir, de mirar al ser humano como un sistema automático de procesamiento de información (Pozo, J. I., 1989), aun cuando en realidad así sea en sus niveles básicos y elementales.

Por otro lado, detrás del lenguaje existen representaciones significativas, cuyo origen no contempla ninguna de las teorías sobre el aprendizaje, puesto que las específicamente constructivistas parten de representaciones como ya constituidas para el trabajo de transformación de las mismas (trabajo pedagógico y didáctico). A continuación, se hará un esfuerzo creativo con el fin de poner a la consideración de los lectores un conjunto de hipótesis admisibles al respecto.

Se sabe que para el dominio y el control del cuerpo, el cerebro crea una representación del mismo, una especie de mapa de la totalidad y de sus partes, cuya evidencia parece estar dada por la *imagen fantasma* de los miembros amputados. Esa representación somatosensorial será la base sobre la cual se irán elaborando, en la medida del desarrollo, las representaciones del mundo exterior, necesarias tanto para las acciones de los animales como para las actuaciones intencionales de los humanos.

Al respecto, los especialistas en neurología sostienen que el sistema somatosensorial es también propioceptivo, pues proporciona información acerca de la posición relativa de los segmentos del cuerpo entre ellos y del cuerpo en el espacio. Dicho sistema tiene, en lo referente a esta función, dos subcomponentes, el de la información sobre la posición estática de las extremidades y el de la sensación de movimiento de las mismas. Comparativamente, con los otros sentidos, la superficie receptora del sistema somatosensorial es mucho mayor, pues hay receptores en todos los tejidos del cuerpo, excepto en el cerebro (Kolb, B. y Whishaw, I. Q., 1986).

Se debe, igualmente, tener en cuenta que la cinestesia (sentido de la posición y movimiento de los miembros) es una información que se proyecta hasta la corteza cerebral, con áreas específicas, muy relacionadas con las múltiples representaciones del sistema somatosensorial y con los mecanismos de la percepción (Shepherd, G. M., 1985).

La propiocepción es la autopercepción de la situación del cuerpo y de la acción de sus miembros y músculos. El dolor que proviene de un miembro que ha sido amputado constituye un problema conceptual y metodológico, y fue descrito por primera vez en 1551. Casi todas las personas que sufren la amputación de un brazo o de una pierna, se quejan de su presencia posterior. El cinco por ciento o menos se quejan del dolor al cabo de un tiempo. De hecho, este fenómeno no se limita a la ausencia de un miembro. La escisión de una mano o de una porción de los genitales externos puede provocar un efecto similar: la parte extirpada parece existir y puede estar dolorosamente ausente (Smith, A., 1986).

176

A los dieciocho días de la fecundación, empieza la formación del sistema nervioso y que, a la sexta semana, los músculos comienzan a ser controlados por el cerebro. El descubrimiento de la ubicación de las manos, los pies y otras partes del cuerpo (hacia los tres meses después del nacimiento), así como el creciente dominio de la coordinación psicomotora, estimularán en el niño la construcción de unas representaciones de las representaciones dadas por la propiocepción. En tal desarrollo, tendrá un papel crucial la percepción visual de las partes del cuerpo que son sentidas. A partir de las cinco semanas de nacido, los músculos de los ojos son, con los de la boca, los más activos en el bebé. Por tanto, se está frente al caso de una transformación constructiva de unas representaciones existentes (propioceptivas).

Esas nuevas representaciones construidas sobre la base de las representaciones propioceptivas, llevarán a una autoconciencia de lo que se es y se tiene, con miras hacia la intervención, el control y el dominio creciente de sí mismo (a los cinco meses, el niño puede controlar las manos y, a los seis, darse vuelta sobre sí en la cama y alcanzar un cubo al verlo). Este saber, por ejemplo, que las manos se hallan allí y encontrarlas es importante para la aparición de los esquemas de protopredicción, ya que se trata de hacer corresponder las representaciones propioceptivas con las elaboraciones visuales, cuya consecuencia, además, es la construcción de una representación del espacio en la cual inscribirse como totalidad activa, actuante. El punto importante, al respecto de las representaciones cognoscitivas del espacio, es que cada uno de los subespacios del niño son sus representaciones cognoscitivas, y es la manera como alcanza él una imagen mental de las partes de su cuerpo, incluso cuando se encuentran ausentes (caso de las extremidades fantasmas), como también de las cosas y los lugares en el espacio, sean estos visibles o no (Kolb, B. y Whishaw, I. Q., 1986).

Habrá que sostener, en principio, que se pudiera tratar de una elaboración empírica de las representaciones, en las cuales la conciencia será apenas una especie de copia de la realidad, pues su función es situar y ubicar las cosas en los lugares del espacio inmediato, incluido el propio cuerpo, en relación con dichas cosas. Esa conciencia empírica mutará o se transformará en algo distinto con el desarrollo del lenguaje. Se irá de un espacio en el cual el cuerpo es la referencia para la localización de las cosas (espacio egocéntrico) a un pensamiento espacial y a una actuación espacial conceptual (la construcción de escenarios para la actuación), necesarios en los procesos de solución de los problemas que requieren una operación de rotación (operación de simetría) o para la elaboración mental de esquemas de actuación sobre las representaciones de las cosas (Kolb, B. y Whishauw, I. Q., 1986).

Una actuación importante que aparece en el niño como consecuencia de las transformaciones que van operando sobre sus representaciones, es la de *clasificar las cosas de su entorno*, amontonar o agrupar objetos siguiendo una dirección que él mismo determina y en la cual se conjugan las percepciones de las formas y los colores con los esquemas de agrupación. Las combinaciones sucesivas, según la forma o el color, si bien tienen fundamento en las cosas, muestran una independencia en la cual es el niño quien atribuye la cualidad requerida para la agrupación, para el orden que postula (organizar por propiedades que supone comunes), sin importar cuan efímeros sean esos ordenamientos y si se corresponden o no con los de los adultos.

Como se recordará, de uno a dos años el niño imita los sonidos onomatopéyicos, combina de dos a tres palabras y puede mantenerse en pie sin ayuda. Comienza a manifestar los esquemas de los objetos; apila y amontona cubos (Piaget, J., 1972). Hacia el año y medio de edad, ha elaborado su autoconciencia, pues se reconoce en el espejo (Eccles, J. C., 1992). Si antes la actividad práctica concreta transcurría en los marcos del campo directo de la percepción, al cumplir los dos años se irá independizando de la percepción visual directa y cambiará el carácter sensorio-motor inmediato de las acciones, destacándose la orientación previa en la situación (Luria, A. R., 1980). El niño se halla en la etapa en la cual planea sus intervenciones con los objetos.

Se debe enfatizar que las representaciones elaboradas por el niño no son sólo *ideas puras del entendimiento*, sino que también lo son de esquemas para la actuación, algo que es entendible dado el activismo del niño. También, se hace necesario destacar que ellas constituyen la base para la elaboración de *conceptos clasificatorios* no científicos, es decir, no aceptables como tales por parte de la comunidad científica, ya que no hacen parte de los sistemas clasificatorios con sus taxonomías finas y categorías correspondientes. Además, la función clasificatoria interior es un ordenamiento de la subjetividad que prepara actuaciones metódicas de agrupamientos y organiza las cosas para actuar sobre ellas (amontonar).

Varios aspectos son aquí claves. El primero hace referencia al desarrollo de la racionalidad, en cuanto a algoritmos de pensamiento y actuación, los cuales se hallan en permanente cambio, es decir, no son estereotipos. El segundo señala la artificialidad de los objetos que el niño manipula, incluso el sonajero con el cual juega desde los cuatro meses. El tercero y último se precisa en el inicio de los conflictos entre el ordenamiento que el niño construye para esos objetos y el dado a ellos por los adultos (los padres), dentro de un espacio también artificial arreglado por ellos, quienes comienzan a intervenir al respecto (un orden que perturba y orienta al otro).

A partir de los dos años, el niño toma conciencia de que las cosas que manipula son designadas por esos adultos con un sonido constante (el nombre), una repetición que crea una imagen acústica asociada a cada objeto, lo cual le permitirá eliminar, poco a poco, la representación empírica concreta de las mismas y su pensamiento adquirirá la cualidad de ser verbal (Schaff, A., 1975). Las representaciones se irán mutando hacia categorías generales, coordinándose y subordinándose unas con otras. Esas representaciones se tornarán geométricas, puesto que de dos a tres años empieza a dibujar los objetos de su entorno, con la generación de esquemas abstractos por reunión de círculos, cruces y ángulos (Morris, D., 1968).

Es la época en que el niño comienza a obedecer las normas ya que comprende sus significados. Esto pudiera entenderse como un resultado del conflicto entre el ordenamiento creado por el niño y el instaurado por los padres, con una inclinación hacia la aceptación o adopción del último. Corre, usa las escaleras y trepa a los muebles. Utiliza palabras y frases; manipula los juguetes y se imagina cumpliendo actividades propias de los adultos. Este hecho puede ser revelador, en primer lugar, de la comprensión del orden social con el cual interactúa significativamente y constituye una forma de la asimilación negociada y mediada por la experimentación que supone el jugar con los juguetes y ponerlos a cumplir roles de los adultos. En segundo lugar, es probable que hablar con los juguetes sea la exteriorización de unas protocreencias, protosuposiciones animistas, al otorgarle conciencia a las cosas, estructuras y funcionamientos típicamente humanos. Es el nicho nocional propicio para la introducción en el mundo mítico y mágico de los adoradores de imágenes e ídolos, de los maniqueos. El niño enlista hechos buenos y hechos malos, acciones aceptables y acciones prohibidas.

Es factible que la función clasificadora con las actuaciones que ella determina, aunada a la adopción de la lengua materna, conduzca a hacer multivalentes las representaciones que se hallan detrás de dicha función, con las consecuentes transformaciones e integraciones de ellas en estructuras no complejas aún, en las

180

cuales se conectan unas con otras y, por consiguiente, se obtiene un aumento cuantitativo del contenido (representaciones como resultado de las integraciones) y cualitativo, en lo dicho de las interconexiones. Esa estructura tendrá dos cualidades. Por una parte, y como se dijo, será creativa por cuanto a partir de ella y sin conexión directa con el entorno de los objetos concretos, se crean nuevas representaciones y reorganizaciones y, por otra, constituirá la base para la asimilación negociada con los ordenamientos conceptuales y metodológicos de los adultos (los algoritmos del pensamiento y la actuación instaurados por ellos), así como de los resultados (acontecimientos) de las actuaciones mismas.

Si se admite que las representaciones individuales hacen referencia al complejo integrado por la construcción sociocultural de significados al cual el niño se enfrenta (él llega a un mundo de objetos y relaciones estructurados por la generación adulta), entonces el foco de atención para comprender el aprendizaje como negociación cultural (intercambio de significados) no puede centrarse en las palabras ni en la información, ha de partir en lo que los acontecimientos (sociales, culturales o experimentales) y los objetos significan para el aprendiz como posibilidad de representación-actuación (empírica social). En la transacción cultural, la adopción de sustantivos y adjetivos para acordar la denominación de representaciones o actuaciones es una controversia de significaciones. De ahí que compartir un nombre, una etiqueta verbal para designar sobre todo acontecimientos se dé en aras de la intersubjetividad crítica y requiera de una memorización repetitiva de la palabra, lo cual necesariamente no implica el compartir de manera exacta de significados. Se trata de un acuerdo para la interactuación dialógica.

Si se piensa que esas representaciones implican un "yo soy quien represento o me refiero y actúo desde ahí" (entre los dos y los tres años, el niño empieza a utilizar pronombres: mío, mí, tú, yo), y lo elaborado es un representar para comunicarse con los demás, es entonces la estructuración de ellas la que podía dar pie a la adopción de la lengua materna y su expresión en frases. Pero hay algo más: esa estructura implica un contenido de significados y una manera de significar al principio egocéntrico (en cuanto significan para el niño, tienen sentido para él sus representaciones y la organización de estas) y se va descentrando en la medida que se produce el intercambio intersubjetivo de significados. Y es precisamente esto lo que se quiere decir cuando se utiliza el término negociación: el intercambio que se da entre el niño y sus padres o entre las nuevas generaciones y las adultas.

Al cuarto año de edad, como se sabe, entra el niño en la época de las preguntas y manifiesta su capacidad creativa con el lenguaje al metamorfosear el significado de las palabras que domina. Es posible que dicha actividad sea una manifestación, por un lado, de la intencionalidad de asimilar los esquemas conceptuales y metodológicos de los demás, desde el punto de vista de sus propias estructuras, mientras que, por otro, el metamorfosear los significados sea una muestra de la generación de las nuevas organizaciones significativas a partir de la estructura que ya se posee por elaboración propia. En este sentido, puede decirse que la estructura da espontáneamente origen a distintas reestructura-ciones algunas de las cuales, de manera probabilística, carecen de sentido o no lo tienen en las negociaciones que el niño establece con su entorno. Esos ordenamientos espontáneos del orden intrasubjetivo no deben llamar a extrañeza, puesto que se presen-tan en los sistemas termodinámicos con la formación de lo que se llaman estructuras disipativas que ocurren por fluctuación (Prigogine, I., 1985).

Una prueba de que se posee una estructura conceptual y metodológica, clasificatoria y de clasificación, se consigue me-diante la aplicación del *método de clasificación libre*, en el cual los vocablos que designan conceptos coordinados y subordinados deben ser conectados y distribuidos en sistemas lógicos (Luria, A.

R., 1980). La asimilación de los ordenamientos históricos hechos por la generación padre es avaluable en coincidencias como, por ejemplo:

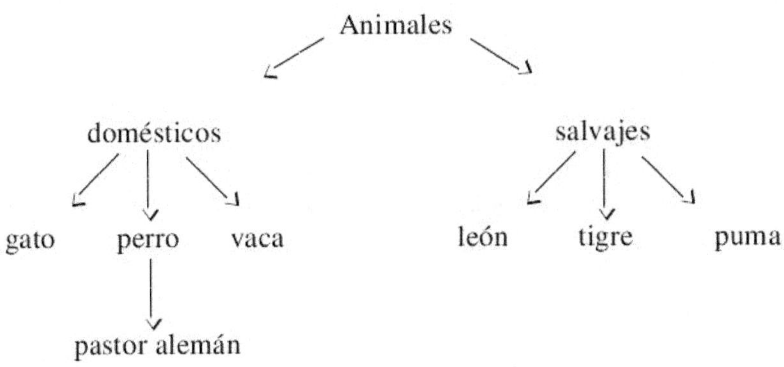

Los resultados obtenidos muestran que el adulto con un nivel bastante alto de desarrollo intelectual resuelve fácilmente problemas como el anterior. Los niños de edad escolar elemental y, sobre todo, los pequeños mentalmente retrasados no hacen agrupaciones usando conceptos de gran generalidad, sino que hacen asociaciones guiados por una situación operante (Luria, A. R., 1980). De hecho, alcanzar este tipo de clasificaciones requiere de un proceso de enseñanza y, por tanto, de una autorrestructuración inducida por un pedagogo; algo que no es otra cosa que una intervención racional desde un sistema de ordenación-actuación agrupante, admitido por los adultos o por el restringido grupo de los adultos científicos, en lo que el niño ha elaborado, lo que demanda una actuación demostrativa por parte del pedagogo en términos de la organización significante y de los significados del niño (representar-actuar-comunicar-intercambiar), esto es, poder operar intelectual y prácticamente con el orden aprehendido.

Queda claro que el pedagogo de un saber, para serlo, ha de ser conciente de que este, como conjunto de estructuras conceptuales y metodológicas estrechamente relacionadas y coordinadas, es el ordenamiento de unas representaciones para la intervención racional y para el dominio de un espacio de la realidad (sociocultural o natural), que desde esas estructuras ha sido delimitado y ordenado; esto es lo que podría ser llamado el orden lógico de la disciplina.

Como el aprendiz posee su propio ordenamiento y sus formas de ordenar, del conflicto o contrastación que se presenta emerge la necesidad de una ordenación que obedezca a la lógica pedagógica y didáctica apropiada para el logro de la transacción cultural, o sea, el intercambio transformativo de las representaciones y estructuras conceptuales y metodológicas del aprendiz. Las concepciones constructivistas del aprendizaje postulan que dicha transformación ha de hacerse por construcción desde la intersubjetividad, razón por la cual las estrategias pedagógicas y didácticas deben apuntar en tal dirección.

No se puede seguir adelante sin analizar brevemente el problema de la construcción de instrumentos por parte del niño. Cuando este cae en la cuenta de la atención que los padres le prestan a sus expresiones, en especial a las combinaciones orales "ma-ma", "te-te" (hacia el primer año de vida), pasando por el uso de las manos (alrededor de la misma época) para la utilización de carbones, lápices, crayolas, etc., el niño se va haciendo conciente de que estos medios le sirven para la intervención y el dominio, tanto social como material. En este aspecto, hay que estar de acuerdo con Vygotski en cuanto a que esos instrumentos median la interrelación del niño con su entorno natural, social y cultural.

E. H. Lenneberg (Eccles, J. C., 1992) plantea cómo los estadios del desarrollo funcional pueden ser casi pragmáticos en la medida en que el niño utiliza su protolenguaje para controlar a quienes lo rodean, satisfacer deseos o fomentar la interacción. Estas protofunciones, en las cuales el niño emplea objetos como centros para la interacción, se convierten en una función ulterior más matética, lo que prueba la importancia de los instrumentos en la estructuración y avance cognoscitivo, es decir, el conocimiento que el niño construye está mediado instrumentalmente para sí y para los demás. Sin lugar a dudas, el instrumento por excelencia es el lenguaje, el sistema de símbolos que median la relación intersubjetiva.

Esas transformaciones han de ser concebidas como productos de la experiencia. Toda experiencia significativa es un resultado conciente de los supuestos iniciales de la intervención metódicamente planeada y de la preparación del escenario adecuado para que se logren los objetivos deseados desde la estructura conceptual y metodológica que preparó la intervención y el escenario. Lo anterior no quiere decir que se niegue la experiencia no preparada, la cual será tal siempre y cuando se construya un cuadro descriptivo-explicativo del *azar* social o natural en que se vio envuelto el individuo. Frente a estas situaciones, a partir de sus estructuras conceptuales y metodológicas la persona hace la lectura de ellas, monta su propia interpretación y trata de *asimilarlas* y *acomodarse* a ellas, en el caso de que realmente toquen la esfera significativa de sus intereses y motivaciones, esto es, de sus ambiciones y expectativas de dominio e intervención.

Lo anterior refuerza la idea de una permanente transformación de las representaciones, las cuales serán propioceptivas o representaciones-instrumento para la participación, dominio y control social, pasando por las representaciones-instrumento para el dominio y el control de los objetos del entorno en un contexto que es sólo clasificatorio o, mejor, organizador de estructuras conceptuales y metodológicas que son de clasificación y para la clasificación (agrupamientos). En el proceso del crecimiento intelectual, las estructuras van evolucionando y adquiriendo contextos específicos de aplicación, es decir, se diversifican.

La diferenciación y diversificación motiva a pensar que en algún punto del desarrollo se dan transformaciones que hacen de algunas representaciones categorías comparativas. Tales pueden ser los casos del peso y del tamaño (más o menos pesado que, más o menos grande que) con todas las confusiones que se tienen al respecto, ya que los niños suelen creer que lo de mayor tamaño es lo más pesado, sobre todo porque no pueden construir el concepto de densidad. Así como los sustantivos y adjetivos del lenguaje ordinario sirven para clasificar, el grado comparativo de los adjetivos lo es para comparar. Expresiones como más alto, más joven, menor, mayor, menos ligero, etc., sirven para comparar. Por tanto, se puede postular que con la introducción progresiva en el dominio de la lengua materna y la constante experiencia con los contenidos materiales del mundo se transforman algunas representaciones clasificatorias en comparativas, las cuales son a su vez clasificatorias (Mosterín, J., 1984). De hecho, hablar de los sistemas de clasificación y de los conceptos clasificatorios usados en biología, por ejemplo, o los conceptos comparativos y sus escalas ordinales, significa someter a los niños al aprendizaje de esos ordenamientos; no llegará a ellos por autodidaxis. Al respecto, se considera que la teoría de D. Ausübel es una de las mejores (aprendizaje significativo) (Ausübel, Novak y Hanesian, 1978).

Unos apuntes críticos acerca de la teoría ausubeliana del aprendizaje significativo deberán establecer la distinción entre aprendizaje de representaciones, conceptos y proposiciones, deberá ser completada en términos de complejidad creciente, sobre todo si se atiende a la clasificación de los conceptos que, con base en lo elaborado por J. Mosterín, se ha hecho en este trabajo. Se está de acuerdo con la idea de que aprender representaciones es conocer lo que las palabras particulares representan, aquello a lo que hacen referencia, y, por tanto, significan psicológicamente las mismas cosas o acontecimientos que representan. Pero todo concepto, insecto, dureza y fuerza, por ejemplo, también representa algo, se refiere a algo, es una representación que además tiene componentes metodológicos específicos (clasificar, determinar relaciones de precedencia, medir), que son, como en el caso de la fuerza, matemáticos vectoriales y tecnológicos (representan procesos de matematización y metrización que son independientes del concepto fuerza, de la palabra fuerza (en su connotación científica experimental).

En el orden de la enseñanza, en especial de la pedagogía y la didáctica de los niños, si las palabras representan algo y hacen referencia a cosas o acontecimientos, dos hechos deben ser objeto de atención. Que las palabras sean nuevas (ampliación significativa del vocabulario) y, por tanto, traten de representaciones no elaboradas por el aprendiz. Segundo, que las palabras puntualicen en representaciones diferentes a las que el sujeto hace referencia (polisemia) y que tienen significado para él dentro de estructuras conceptuales y metodológicas distintas. Este caso, a su vez, introduce en la cuestión de los *errores conceptuales* fruto de los procesos de enseñanza o de una separación no significativa entre el mundo de lo cotidiano y el de la academia, con contadas palabras *artificiales*, es decir, de casi ningún uso en el intercambio intersubjetivo corriente. En todo caso, hay que insistir en que las palabras no son sólo imágenes acústicas, sino que portan significados dentro de estructuras conceptuales y metodológicas.

Por lo demás, si las representaciones se hayan organizadas en estructuras, el aprendizaje de las palabras tiene que hacerse desde dichas estructuras, esto es, asimilarlas significativamente desde esas organizaciones intersubjetivas. Lo mismo ocurrirá con los conceptos (clasificatorios, comparativos y métricos), que pertenecen a estructuras de clasificación, de comparación y teorías hipotético-deductivas; estos tendrán que ser asimilados significativamente desde las estructuras conceptuales y metodológicas (de clasificación, de comparación y de matematización-metrización) que se encuentran en el aprendiz; de hecho, estas estructuras conceptuales y metodológicas son una creación original de las comunidades científicas, por lo que no se pueden formar a partir de la cultura popular y cotidiana. El aprendizaje completo de conceptos, por consiguiente, tiene que ser proposicional.

Dos aspectos que se introducen en la discusión tienen que ver con la conservación-ampliación de la estructura conceptual y metodológica de la cual se trate (clasificatoria, compatariva o de matematización-metrización) o con su transformación. En el primer caso ocurrirá una incorporación de lo nuevo sin que se produzca una *revolución* en la cabeza del aprendiz. Son casos en que se *verifica* la funcionalidad de la estructura y sencillamente se aumenta y se refuerza *la base de datos* a los que ella es aplicable. El segundo caso, se refiere a los cambios en las estructuras conceptuales y metodológicas para que lo nuevo sea aprendido significativamente o para que lo que se aprende significativamente genere transformaciones en la estructura en cuestión, a la vez que modifique la organización de significados y significantes e, igualmente, la *base datos* que se había acumulado. Esa transformación es mucho más compleja cuando se trata de la matematización-metrización, que es comparativa y clasificatoria.

En cuanto al desarrollo de las representaciones estéticas y plásticas, para retomar el hilo abandonado, este debe darse y afianzarse con la construcción del espacio y de la manifestación de los esquemas de los objetos, en particular a partir de la actividad de dibujar esos objetos del entorno y de la geometrización de las representaciones. Habría que agregar, la introducción de los ritmos del medio en la música del lenguaje. Lo dicho da fundamento para pensar en la elaboración de la idea de simetría (armonía de las partes del todo, proporción de las partes) presente tanto en el arte como en las teorías científicas experimentales, las cuales, como se sabe, son teorías de simetría, en cuanto a las operaciones y a lo geométrico de sus representaciones; en efecto, si no se geometriza el mundo, no se puede construir un concepto métrico. Entonces, la geometrización de las representaciones será la base para formar la valencia estética de cada representación, de las estructuras que ellas generan y de la interconexión de las valencias correspondientes; serían estructuras estéticas y de esteticidad, lo cual no debe ser confundido con algo parecido a una teoría estética.

En lo referente a la afectividad, hay que decir que ella se relaciona con el sistema límbico del cerebro, responsable de los sentimientos y de la expresividad que llevan a la sociabilidad. Debido a las conexiones que posee con la corteza cerebral, las emociones pueden ser influidas por la razón y esta puede afectarse, recíprocamente, por las emociones. Pero hay algo más, la entrada de información a través de los órganos sensoriales está influida por el estado del sistema límbico antes de que llegue a las áreas del encéfalo donde será descifrada; de ahí que se diga que el mundo se ve con el color que le ponga ese sistema. Se haya implicado también con la memoria y está involucrado en el aprendizaje, por cuanto contiene los centros de *recompensa* y de *castigo* que permiten fijar los resultados y aprender si es deseable o no repetir una experiencia (Rayner, C., 1985). En mayor o menor grado, cada representación tiene asociado un componente afectivo y emocional que al ser actualizado en el presente, produzca placer o rechazo de las imágenes que se poseen. Y lo de las ambiciones y expectativas intelectuales, es un problema de afectividad, intereses y motivaciones, así como de placer social y estético.

Finalmente, se ha insistido tanto en las representaciones porque estas constituyen, hoy en día, una de las preocupaciones en la investigación sobre la enseñanza de las ciencias experimentales, principalmente porque las diversas innovaciones pedagógicas no directivas, no proporcionan los resultados esperados en materia de educación científica. El hecho, medido en términos de rendimiento didáctico, es decir, de la cantidad de saber adquirido y aplicable por el alumno en relación con el tiempo pasado, es muy débil, casi nulo (Giordan, A., 1989); los *errores conceptuales* en los razonamientos se reproducen en los alumnos, aun después de distintas situaciones de aprendizaje, sobre el mismo aspecto, diseñadas para superarlos.

Capítulo 5

Constructivismo en las ciencias sociales

La incorporación de las ciencias experimentales y las tecnologías al proyecto político del capitalismo, y el éxito del paradigma newtoniano, tuvo, entre otras, dos resonancias para el reconocimiento de los programas de investigación en las ciencias sociales. Estos adquirieron su lugar, y a los miembros de esas comunidades de especialistas se les apoyó con el fin de que suministraran los conocimientos necesarios para las estrategias de expansión. Los resultados de mayor validez y asombro estaban siendo aportados por los mecánicos y constructores de máquinas, estos trasladaron los presupuestos de las ciencias experimentales y las tecnologías a las delimitaciones de sus objetos de conocimiento y centraron las preocupaciones teóricas en los problemas metodológicos, hasta el punto de que el llamado "método científico" adquirió una popularidad inusitada. La sociedad fue vista como una máquina que obedecía a inexorables leyes "naturales", al igual que la historia construida por ella. Se llegó a un determinismo del cual no había escapatoria, y el empiropositivismo reinó como el único sistema admisible para la lectura de los acontecimientos producidos por los individuos y la sociedad.

Las comunidades de intelectuales en las cuestiones sociales se volvieron científicas y persiguieron con afán tal denominación, en una dogmática que no era propia de quienes venían trabajando en física, química y biología, por ejemplo. Esa situación llegó al extremo entre los seguidores de Marx, quienes utilizaron el calificativo de científico para evitar y suprimir cualquier duda con respecto a sus elaboraciones. La obra de Lenin sobre el conocimiento sirve de referencia para demostrar dicha aseveración (Lenin, V. I., 1979). Él ideologizó tanto "la ciencia", que pregonó hacer de todo aquello que no tuviera ese estatuto, algo sin importancia, carente de valor.

Se han producido cambios. No es difícil encontrar hoy entre los científicos sociales, personalidades que acepten: a) que todas las ciencias nacen como programas de investigación en el seno de comunidades epistémico-pedagógicas; b) que las disciplinas existen y persisten porque hay comunidades que producen conocimiento dentro de estructuras conceptuales y metodológicas que se comparten y controvierten, siendo tal actividad el fundamento de sus desarrollos relativos; c) que el saber producido se publica en revistas especializadas que circulan entre los miembros de esas comunidades y que el índice de productividad y citas hechas por los colegas, habla del reconocimiento de los logros obtenidos; d) que las comunidades epistémico-pedagógicas no son cerradas, ni trabajan de espaldas a la problemática social, cultural y económica de su medio y de su tiempo, y e) que, en alguna medida, todos los saberes se apoyan interna y externamente en sus funciones descriptivas y explicativas, y que la universidad es el sitio ideal para la integración, la interdisciplinariedad y las codisciplinariedad.

192

Los científicos sociales postulan que se trata de una concepción medieval creer en saberes absolutos sobre los que no se admite la menor duda y, por lo tanto, sean definitivos y acabados. En la universidad moderna, ellos parten de la conciencia de que los conocimientos humanos son limitados y provisionales, representaciones coherentes y aproximadas que permiten abordar de una manera cada uno, trozos de la realidad extrasubjetiva y, por tanto, no importa su ordenación y clasificación (las Sumas medievales), pero sí el cómo se construyen nuevos o más eficaces conocimientos (Sotelo, I., 1982). La universidad moderna no transmite información especializada (ella se encuentra en las bibliotecas), sino que se preocupa por enseñar a leerla, producirla, escribirla y ponerla en circulación, sin que ello signifique la introducción de cursos de metodología, ya que ellos son apropiados para aquellas personas que no desean ser miembros activos de las comunidades científicas, sino que aspiran a poseer ideas generales sobre la manera como trabajan los investigadores (Zahar, E., 1982).

Aun cuando muchos estudiosos del ser humano y de sus comunidades, así como de sus culturas y de las múltiples relaciones que se dan entre sus miembros, se mantienen todavía en el empiropositivismo y hacen sus lecturas desde este marco de referencia, hay ya otros paradigmas, por ejemplo, la teoría crítica, que se están mostrando mucho más ricos y fructíferos. El constructivismo es uno de ellos, en la versión estructuralista de Pierre Bourdieu (Tellez Iregui, G., 1992), para indicar sólo una modalidad.

El nuevo paradigma señalado ha puesto en un sitial preferente al ser humano, retomando en otra dimensión más terrenal el viejo humanismo. Los investigadores se adentran ahora en las comunidades sin preconcepciones estereotipadas, dogmáticas y petrificadas, en un intento por encontrar en el interior de los grupos mismos las interpretaciones y comprensiones, sin tomar como patrones de comparación a otras sociedades autodeterminadas, desarrolladas y civilizadas. Superaron el punto de vista victoriano y piensan que la evolución de la cultura no es un largo y escarpado sendero hacia una cima desde la cual, a los pueblos que no han llegado, se les mira como bárbaros, salvajes y pertenecientes a una cultura inferior (Harris, M., 1985).

Los adalides de estos procesos alternativos de investigación se imponen la tarea de construir teorías y métodos en relación estrecha con los miembros del grupo que estudian. Ya no existen incivilizados a quienes convertir, sino concepciones del mundo, del ser humano y de las relaciones de éste con la sociedad y con la naturaleza, las cuales son diferentes producto de la diversidad y variedad del patrón genético humano. No se está frente a un empirismo de nuevo cuño, pues dichos investigadores poseen una formación científica sólida en su campo y manejan con profundidad las distintas teorías que históricamente se han creado para dar cuenta de sus objetos de estudio. Como ya se expresó, son constructivistas y trabajan desde aproximaciones móviles, rectificables y enriquecibles con la participación de los miembros de los grupos en los cuales construyen sus conocimientos.

Los cambios de paradigmas se están sucediendo incluso en la organización de las empresas e industrias, como camino indispensable para poder ingresar en lo que se ha llamado la era posindustrial. Existe el firme propósito de abandonar las estructuras rígidas y verticales, cuyos mandos medios y ejecutores de base se limitan a cumplir órdenes y a realizar las operaciones que deben hacerse. Se aspira a romper el supuesto cuadro armonioso derivado de los datos técnicos y de las cifras económicas presupuestadas. Se puede afirmar que semejantes compañías son organizaciones mecanizadas, dirigidas por la llamada "administración científica", cuyo éxito se encuentra asegurado por un mercado casi cautivo, monopólico y alentado por los medios de comunicación de masas, especialmente la radio y la televisión. Se critica lo que el antiguo paradigma sostenía al respecto, en cuanto a que lo único importante eran las cifras y que un administrador profesional podía gerenciar cualquier empresa, que el control podía y debía mantenerse en la cúspide.

Las propuestas cognoscitivas propiciadas por el asociacionismo y el behaviorismo (Pozo, J. I., 1989), y dentro de las cuales la constructivista de G. Kelly está adquiriendo consenso en la actualidad, han introducido un aire renovador en el pensamiento sobre la educación, sus procesos y objetivos. De hecho, los educadores en ejercicio son los últimos en cambiar, y están comenzando a hacerlo. Hay que mencionar también la psicología del aprendizaje de Ausübel (Ausübel, D. P., Novak, J. D. y Hanesian, H., 1976).

Nuevos puntos de vista reciben aliento entre los historiadores, quienes se enfrentan en su tarea investigativa con múltiples problemas metodológicos, en la perspectiva de tener que construir la historia como un saber. Tal afirmación no niega que los seres humanos en comunidad elaboran sus horizontes de sentido, sus proyectos culturales, sociales y políticos en relación con el espacio de la naturaleza (que han de hacerlo metodológicamente geografía) en el que esos proyectos adquieren arraigo. En este sentido, se van haciendo, autoconstruyéndose ellos como seres y comunidades históricas, realizando historia en el seno del ordenamiento,de su mundo y de su microcampo, con el fin de alcanzar la realización general acordada por todos.

Al especialista le toca develarla, descubrirla *aleteia*. Este descubrimiento constructivo se semeja a la labor artesana de la tejedora Penélope. El primero ha de recoger las motas (sucesos narrados oralmente o registrados por escrito) para armar los hilos. Segundo, elaborar la trama para que esos distintos hilos sean constituidos en el complejo tejido de acontecimientos que represente el ordenamiento del mundo, esto es, en el contexto dentro del cual los sucesos estudiados adquieren significado pleno. Tercero, comparar ese tejido con la estructura conceptual y metodológica que seleccionó unos sucesos y descartó otros, para deshacer lo hecho y volver a armarlo desde una autocrítica y una verificación rigurosas. Este enfoque asegura la continuidad del trabajo del historiador, no sólo porque los pueblos "siguen adelante", sino por la posibilidad de reencontrar el pasado de una manera diferente: nada será dicho de manera completa y definitiva. Desde esta perspectiva constructivista, se sostiene la idea de que el historiador construye la historia o, mejor, el saber histórico (De Roux, R. R., 1988)

Algunas ideas sobre la economía

La economía, como un tratamiento de las relaciones de producción e intercambio de bienes y servicios entre los seres humanos, de estos con la naturaleza, vista como fuente de riquezas, y entre las naciones, es quizá la más dogmática de las disciplinas sociales, y esto, a lo mejor, porque se encuentra sometida al poder y a las ideologías políticas. Por eso resulta cuestionable hablar de "paradigmas" económicos, ya que a las teorías económicas les cabe más bien una clasificación de dogmas centrales. Y no es justificable que se les reconozca un carácter científico cuantitativo por el simple hecho de que sus partidarios aplican la matemática en sus cálculos predictivos, ya que el problema epistemológico que padece es que sus conceptos no obedecen a una matematización y metrización fundamental, de base (Castañeda, J., 1986).

Antes de la caída de la Unión Soviética, nadie que se sepa, había observado a un economista rectificarse en sus teorías, todo porque en sus construcciones intelectuales no existía la noción de fracaso, ni el concepto de error y precisión, propio de las ciencias experimentales.

El mismo Marx muestra en *El capital* esa calidad no experimental de la economía (no maneja conceptos métricos o magnitudes), cuando afirma que 75 kilogramos de trigo se igualan a 100 kilo-

196

gramos de hierro en la relación de cambio entre esas dos mercancías. Tal igualdad no obedece a las cualidades naturales, a las propiedades fisicoquímicas de las materias en cuestión, sino a las necesiades o conveniencias de quien desea usarlas. Por consiguiente, el valor de las mercancías es puramente social pues se halla ligado a la estructura de intereses de los individuos de un conglomerado humano dado, de su historia y de su proyecto político. Los marxistas-leninistas sostienen un doble carácter de la mercancía fundado sobre el doble carácter del trabajo humano creador, por cuanto, por una parte, es trabajo concreto y, por otra, abstracto. El primero es el trabajo invertido bajo una forma determinada y con un fin concreto, todo porque el hombre no realiza trabajo en general, sino que se ocupa en ciertos y determinados trabajos, cuyas peculiaridades cualitativas, procedimientos profesionales, instrumentos empleados y materiales son específicamente determinados y, finalmente, porque sus resultados, los productos, poseen un valor de uso; el trabajo concreto crea el valor de uso de la mercancía. Independiente del gasto de energía muscular, etc., se tiene el trabajo abstracto, el cual crea el valor de cambio, por cuanto la mercancía va destinada a la venta, al cambio, y no al uso de la familia del productor (Nikitin, P., 1959).

Adam Smith sostenía que una persona era rica o pobre dependiendo de la cantidad de trabajo ajeno de que podía disponer o se hallaba en condiciones de adquirir. Esa era la razón por la cual el valor de cualquier bien era igual a la cantidad de trabajo que se pudiera adquirir o disponer por mediación suya; por lo que era el trabajo la medida real del valor de cambio de toda clase de bienes. El precio real de las cosas eran las penas y fatigas que su adquisición suponía, mientras que el valor que tenía para quienes las habían adquirido y podían disponer de ellas o cambiarlas por otros bienes eran las penas y fatigas de que se libraba y podía imponer a otros individuos (Smith, A., 1959).

Ricardo criticó la suposición de A. Smith al postular que es la cantidad comparativa de cosas que el trabajo produce la que determina su valor relativo, y no la cantidad comparativa de cosas que se dan al trabajador a cambio de su trabajo. El valor relativo se halla afectado por el capital que ha de quedar al trabajo y por el invertido en herramientas, edificaciones y maquinarias, aparte de la mayor o menor cantidad de trabajo necesaria para producirlas. Dejó de lado, para su teorización, las distintas clases de trabajo, pues le resultó difícil comparar un día de trabajo en una ocupación con la misma labor en otra. Todo lo ajustó al mercado y apartó la estimación de la habilidad relativa del trabajador y de la intensidad del trabajo ejecutado. Postuló que, al comparar el valor de la misma cosa en períodos diferentes, la relativa habilidad y la intensidad de trabajo requerida para la producción de esa cosa, apenas necesitaba tenerse en cuenta, ya que actuaban de la misma manera en esos períodos (Ricardo, D., 1985).

El trabajo humano es uno de los factores activos de la producción, pero el ser humano no puede realizar esta actuación sin contar con el capital, las herramientas y la materia prima. Además, el hombre casi nunca trabaja espontáneamente, sino que lo hace bajo la presión de causas externas, sintiendo también la necesidad, el afán de lucro, la ambición y el deseo de trabajar lo menos posible. En un sentido amplio, el trabajo es el factor que se emplea en combinación con el capital para producir mercancías y rendir servicios. En sentido más específico, es el número de personas que trabajan o la cantidad de trabajo realizado. Este último depende del número de personas empleadas, de la cantidad de tiempo empleado y de la intensidad del esfuerzo. A su vez, la eficiencia con la cual un número dado de obreros produce bienes y servicios (la productividad del trabajo), se relaciona, en gran parte, con el nivel de habilidad o reducción de la fuerza de trabajo y de la distribución del mismo, del equipo de capital cooperante entre las diversas ocupaciones e industrias (Seldon, A., y Pennance, F. G., 1975), esto es, de las ambiciones, deseos e intencionalidades de quienes realizan tales ocupaciones y son propietarios de dichas industrias, de la voluntad humana, cuya metrización y matematización resulta complicado realizar.

Desde otro punto de vista, se afirma que a partir de J. M. Keynes la economía se convirtió en una ciencia positiva, sometida a la prueba empírica. Sin embargo, introdujo al Estado como fuerza correctora y a la voluntad política como elemento generador. Entró, por tanto, a consolidar la conjetura de que la economía de un país dependía más de las intencionalidades y apetencias de sus clases dirigentes que de la coherencia conceptual y metodológica de sus construcciones teóricas (Keynes, J. M., 1983). De ahí que el mantenimiento de un Estado en un dogma económico sea más una actitud política. Recuérdese que muchos economistas acusan a las propuestas de Keynes de ser las causantes de la *estanflación*, la cual no se resolvió desde sus presupuestos.

F. A. Hayek sostiene últimamente que la función básica de la teoría económica es explicar cómo se hace la mejor adaptación al cambio y a lo desconocido. La economía es, entonces, una disciplina relegada a que los hechos se den, de acuerdo con las dinámicas sociopolíticas para que sus profesionales entren a elaborar las explicaciones consideradas más adecuadas (carecería así de una estructura hipotético-deductiva). Lo anterior, porque los cambios económicos obedecen a un sinnúmero de eventos que nadie conoce como un todo. El profesor Hayek hace una defensa de la microeconomía, en cuanto a que es la única que puede explicar algo, y ataca a Keynes como el responsable de la transición de la microeconomía a la macroeconomía, causante esta última de la decadencia dadas sus pretensiones de cientificidad (Pizano Salazar, D., 1980).

I. Lakatos, discutiendo la demarcación entre ciencia y pseudociencia y afirmando que este no es un mero problema de filosofía de salón, critica los cientificismos que padecen muchas teorías, principalmente porque nunca predicen desde sus estructuras hechos nuevos, porque las realizaciones jamás se cumplen y porque inventan explicaciones forzadas para proteger el dogma contra los hechos que lo contradicen (Lakatos, I., 1983). Entonces, tiene razón, en parte, el profesor Hayek al criticar la cientificidad de la economía, relegada a elaborar descripciones y explicaciones expost-facto.

En un libro antes citado, Diego Pizano Salazar, preguntándole a F. A. Hayek sobre las causas de la crisis de la teoría económica y de la política económica a nivel mundial, hace un listado de los problemas que los académicos no han podido solucionar, entre los cuales cabe mencionar: a) las causas de la inflación; b) la imposibilidad de incorporar las economías de escala a los modelos de equilibrio general; c) la inexistencia de una teoría que explique adecuadamente los determinantes de la distribución del ingreso; d) la incapacidad de predecir el futuro, en cuanto a la capacidad de los diferentes agentes económicos; e) la falta de una explicación de los determinantes del crecimiento económico y f) la inexistencia de un modelo adecuado que permita simular el juego en el cual están envueltas las compañías multinacionales, es decir, el no contar con una teoría del oligopolio.

La economía, que originalmente se derivó de la filosofía moral, perdió de pronto gran parte de su dimensión humana, la cual fue reemplazada por teorías caprichosas y trivialidades técnicas, incomprensibles para la mayoría e inútiles para todo excepto, tal vez, para sus autores, que suelen ganar premios por haberlas elaborado (Max-Neef, M., 1986).

Las relaciones con las cuales trabaja el economista no se derivan directamente del mundo real, sino de los esquemas más o menos simplificados de este, que se construyen para tal efecto. Desde tal actuación se derivan las ideas metodológicas, y el problema consiste en definir la generalidad en la cual resulta válida una explicación. Los procesos económicos son históricos, lo mismo que las diferencias de estructuras entre las economías en sus distintos grados de desarrollo, de donde la ciencia económica posee un doble carácter: el abstracto y el histórico, los cuales se hacen evidentes en la teoría del desarrollo económico. Cuando los economistas se olvidan del límite de validez de los conceptos que utilizan, pasan a la dogmática y la economía pierde su naturaleza de ciencia objetiva, para convertirse en un conjunto de preceptos (Furtado, C., 1964).

Reconocer la historicidad del desenvolvimiento conceptual de las estructuras económicas de una sociedad, es inscribirse parcialmente en una posición constructivista. Es admitir que lo actual no ha surgido por generación espontánea, y así con respecto a los conceptos y categorías de los economistas. C. Marx ya sostuvo algo semejante en *El capital*. Al tratar la transformación del dinero en capital, dice que ésto tiene su origen en la circulación de la mercancía y aparece en el momento en que la producción mercantil y el comercio alcanzan cierto desarrollo, un movimiento que se da en la historia moderna a partir del siglo XVI. Pero esos desarrollos, graduales o revolucionarios, hay que entenderlos como fruto de los cambios de mentalidad operados entre los miembros de la sociedad: cambios en la concepción del mundo, en el sentido de la vida humana y en las relaciones que deben darse entre los individuos, así como entre estos y la naturaleza y sus recursos y entre una comunidad y las otras. También deben considerarse los cambios en los esquemas que se manejaban sobre el poder.

Con respecto al mercado, el supremo regulador de la economía en la corriente neoliberal y, por tanto, presumible objeto de conocimiento dada su condición, en principio, puede ser delimitado como un conjunto de relaciones de intercambio entre los pares productores-consumidores y oferentes-usuarios de servicios. De hecho, la apreciación es muy elemental, puesto que es menester entrar a describir y a explicar las complejas organizaciones incluidas en las expresiones *productores* y *oferentes*, amén en las de trabajo, capital, producto, mercancía, sistema de producción, etc., como también el conjunto de reglas de juego, tácitas o explícitas, que regulan esa red compleja y cruzada de los pares señalados. En una etapa de alto desarrollo, también habría que incluir a las organizaciones de consumidores y de usuarios de servicios, las cuales, con una educación en el problema de la calidad y los derechos, serán unas de las formas más eficaces para oponerse a los monopolios. En todo caso, la simpleza explicitada es suficiente para destacar que los implicados no son cosas solamente, sino seres humanos con sus intereses, deseos y apetencias, por lo que resulta una drástica reducción positivista contemplar el problema del mercado como una mera construcción abstracta en la cual cada elemento se asume como un ente matemático, de tal manera que los procesos económicos se simplifiquen y se entiendan como obedeciendo a "leyes naturales", que serían las propias de las teorías económicas. El mercado sería una especie de máquina con sus engranajes en movimiento, por fuera de cualquier psicología.

Tal mecanicismo no busca sino sustentar una ideología cuyo objetivo es excluir la supervisión, corrección y orientación del Estado en favor de los más ricos y en detrimento de los sectores sociales más débiles, no poseedores de los medios de producción y reducidos a ser piezas en el engranaje referenciado, donde no caben los principios de solidaridad y de justicia social.

Hacia una sociología constructivista

Emile Durkheim se ocupó en la precisión del concepto de hecho social y lo definió como los modos de actuar, de sentir y de pensar, exteriores al individuo, que poseen un poder de cohersión en razón del cual se imponen (Durkheim, E., 1972). Para Durkheim tales hechos no son fenómenos orgánicos ni psíquicos. En primer lugar, porque se trata de representaciones y actos; en segundo lugar, debido a que no hacen referencia a lo que existe en la conciencia individual y es producto de ella. Así, el dominio de la sociología o su objeto de conocimiento y explicación son ideas y tendencias (confesiones religiosas, escuelas políticas y literarias, corporaciones profesionales, reglas jurídicas y morales, sistemas financieros, etc.), creencias y prácticas constituidas. No son elaboradas por los individuos, sino que le llegan de afuera y se le imponen como consecuencia de pertenecer a una organización social.

Durkheim precisa una cuestión indiscutible, ya presentada en los capítulos anteriores. Todo individuo nace dentro de una estructura u ordenamiento conceptual y social que la generación adulta trata de imponerle por todos los medios a su alcance. Si el hecho social se remitiera sólo a dicha precisión, entonces los cambios, tan lentos como se quiera, no tendrían una explicación razonable. Sin embargo, como se sabe, tal cambio es, en el campo de las ciencias experimentales, uno de los focos de ocupación por parte de los epistemólogos. Habría que argüir, por tanto, que hay algo de cierto en lo postulado por Durkheim, pero sería necesario agregar que los miembros de las nuevas generaciones reaccionan desde su configuración holística contra dichas imposiciones y reelaboran muchas de estas ideas y tendencias, tomando distancia y generando nuevas alternativas.

Desde la perspectiva durkheimniana, la posibilidad de una sociología constructivista resulta a las claras problemática, y no porque los sociólogos no reconozcan que los dogmas religiosos y las corrientes de ideas políticas son construidas por los individuos en comunidad, sino porque la delimitación del objeto de estudio así se lo impone, con lo cual se le cierra el paso a la elaboración de nuevos conceptos y teorías adecuadas para comprender y predecir los cambios ocurridos en los grupos y sociedades, estáticos por naturaleza, en cuanto al hecho social. Es a las claras un platonismo, ya que Durkheim admite tácitamente un Mundo de las Ideas y de las acciones que existe independientemente del ser humano y que arrastra la voluntad individual y se vuelve contra él en el momento en que se oponga a sus propias manifestaciones colectivas.

El medio de imposición es para Durkheim la educación, cuyos agentes y representantes son los padres y los maestros; rechaza así cualquier pedagogía fundada en la libertad, dado que nunca se ha practicado en ninguna cultura, históricamente hablando. La educación es un fenómeno social en su fin mismo y su objetivo está lejos de realizar la naturaleza individual del hombre, pues su fin es sacar del individuo tal como nace, un ser que no existe, el ser social (Durkheim, 1990), mediante la obligación de comer, beber, dormir a determinadas horas, de respetar normas de limpieza, de discreción y de obediencia, tener en cuenta al prójimo, respetar los usos y las conveniencias, elegir un trabajo, etc. Todas estas imposiciones se le convierten luego en hábitos y tendencias internas (Durkheim, 1972), que él creerá como propias.

Al respecto, la salida teórica es admitir que dichas obligaciones obedecen a una negociación conceptual, metodológica y social; que esas normas son aceptadas porque los miembros de las nuevas generaciones admiten, desde su racionalidad, que no existe otra posibilidad de ser humano en la estructura social; que son normas creadas para la convivencia, normas que pueden ser cambiadas en su particularidad, aun cuando en su generalidad, elegir un trabajo por ejemplo, un campo de producción o de servicios, es la manera lógica de vivir, salvo que, como ocurre en ciertos casos, opte el individuo por una vida mendicante, en la creencia de que los otros han de sostenerlo en forma gratuita.

Las críticas al pensamiento durkheimniano no han faltado (Agulla, I. C., 1967), por parte de los pedagogos, y se dice que llevó a equívocos a los sociólogos. Todo porque tomó a la educación como un puro fenómeno social y redujo la pedagogía a pura sociología, haciendo sociologismo, un vicio del cual hoy muchos estudiosos no se han librado. Pero, como ya se manifestó, quizá su más grande error fue no considerar las maneras como en el tejido de las relaciones sociales las estructuras, las creencias, las ideas y los compotamientos se crean, se ponen en circulación y se extinguen para ser sustituidos por otros, de conformidad con los cambios en la concepción del hombre y de la sociedad que se van generando en las organizaciones que la conforman. La posición que sostiene que "Los hechos sociales son creados por los miembros de una sociedad", contiene la esencia de una sociología constructivista.

Si este hecho histórico y social se acepta, entonces los sociólogos han de admitir por principio que en cada momento histórico han de construir nuevas estructuras conceptuales y metodológicas para aproximarse desde otro marco a la formulación del hecho social. Si la estructuración social como acontecimiento es variable, entonces las representaciones propias del saber sociológico no pueden ser estáticas, y los sociólogos más que cualquiera de los otros investigadores, están en la obligación de tener que innovar sus estructuras conceptuales y metodológicas.

En realidad, el origen de la sociología de la educación se encuentra en el idealismo alemán, particularmente entre los investigadores de la educación, sociólogos que utilizan o reconocen el enunciado kantiano de que es necesario observar a los profesores y estudiantes como activos constructores de su conocimiento y sus reglas, quienes constantemente son capaces de acciones autónomas basadas en las aplicaciones de un conocimiento y de sus métodos (Magoon, A. J., 1977). Se cita en especial a M. Weber (1949), quien fundó una sociología en la cual las acciones del hombre son comportamientos significativos. Weber miró al hombre como un ser de significaciones que vive en un mundo poblado de significados, de sentido. Esos significados no son solamente unas definiciones y esquemas, operaciones que los individuos se limiten a memorizar y a repetir a semejanza de las computadoras.

Las estructuras de sentido y significación poseen fronteras difusas y polivalentes que implican reconstrucciones y posiciones por parte de las personas que las adoptan críticamente, para hacerlas parte importante de la conciencia.

J. Habermas (1987) trae citas de A. Schutz que vale la pena reproducir aquí:

> (...) *el mundo social tiene una peculiar estructura de sentido y relevancia para los hombres que viven, piensan y actúan en él. En las diversas construcciones de la realidad cotidiana, estos han articulado e interpretado de antemano ese mundo, y son objetos mentales de este tipo los que determinan su comportamiento, definen sus metas de acción y perciben los medios para la realización de tales metas.*

Refiriéndose al problema de la investigación, A. Schutz, citado también por Habermas, especifica:

> *Para poder explicar la acción humana, el científico tiene que preguntarse qué modelo cabe construir de un ser individual y qué contenidos típicos hay que atribuirle para que los hechos observados puedan explicarse como resultados de la actividad de tal individuo en un contexto comprensible.*
>
> *En un modelo científico de la acción humana, todo concepto tiene que estar construido de modo que una acción ejecutada dentro del mundo de la vida de un individuo, que concuerda con la construcción típica, sea inteligible tanto para el agente mismo como para su prójimo, y ello dentro del marco del pensamiento cotidiano.*

Habermas (1987) propugna una descripción de la realidad social de modo que se entienda como una construcción del mundo de la vida cotidiana, que surge como consecuencia de las capacidades interpretativas de los directamente implicados en ella. Hay que atribuirles la misma competencia de juicio de la cual hace uso quien pretende interpretar dicha realidad. Desde esa interioridad se da la participación en el mundo de los hechos que se estudian, desde donde se pueden alumbrar los significados que se encarnan en acciones, instituciones, documentos, productos del trabajo, contextos de cooperación. Se trata de mirar a los otros como creadores de su biografía, como prójimo implicado en un mundo común, en pie de igualdad, concebirlos como seres cognoscentes, creadores de significados y acciones con sentido.

Tratar los hechos sociales como estructuras exteriores a los individuos, como procedentes del mundo de las ideas que Platón instauró, es retroceder o estar en la posición epistemológica de tener sólo que afirmarlos o negarlos como verdades o falsedades y, por tanto, es caer en una sociología puramente contemplativa de estos hechos. La teoría sociológica sería entonces un ejercicio meramente descriptivo, y tanto más verdadera cuanto se limite al relato de los comportamientos, algo que la dejaría en el estatuto inicial de una historia natural que para demostrar se restringe a señalar. No habrá, incluso, teoría sociológica, sino sistemas de clasificación e identificación de los hechos sociales como algo que existe simplemente.

La concepción en la antropología

C. Levi-Strauss (1964) afirma que las condiciones naturales no se experimentan ni tienen existencia propia, ya que son función de las técnicas y de la clase de vida de las poblaciones que las definen y les dan sentido encauzándolas en una determinada dirección. Además, el hombre no percibe sus relaciones con el medio natural de manera pasiva, pues las atrapa en conceptos para formar sistemas que no están predeterminados. Aun cuando se trate de una misma situación, dará origen a sistematizaciones distintas, según los esquemas conceptuales elaborados por los distintos clanes de una cultura llamada primitiva. Los pueblos "salvajes" construyen teorías, por muy elementales que se les considere desde el punto de vista de la cultura europea y occidental. Entre ellos la vida social y las relaciones con la naturaleza son el resultado de un juego conceptual, y los esquemas rigen y definen las prácticas que realizan, localizadas en el espacio y en el tiempo de su civilización. Esos esquemas conceptuales median entre una praxis y la otra, dándole una materia y una forma (tanto la una como la otra están desprovistas de existencia independiente), una realización real como estructuras de seres empíricos e inteligibles que se encuentran necesariamente obligados a actuar positivamente en el mundo.

En los esquemas, el uso de términos abstractos no es función de una capacidad intelectual superior, sino de los intereses de cada sociedad particular. La mayoría de los pueblos usan palabras abstractas para designar muchas propiedades y cualidades de los seres y de las cosas. Para ellos, el universo es objeto del pensamiento como medio de supervivencia, y la proliferación conceptual corresponde a una sostenida atención sobre lo real (Levi-Strauss, C., 1964).

B. Malinowski (1985) ya había mostrado que no hay arte, por primitivo que parezca, que no haya sido inventado gracias a una cuidadosa observación de los procesos naturales y a una concepción de su regularidad, fundamentada en el poder de razonamiento y de la creencia en la razón como proceso de esclarecimiento confiable. Los "primitivos" poseen una actitud mental racional que les posibilita un dominio también racional del entorno. Las "comunidades primitivas" están en posesión de una considerable cantidad de saber, basado en la experiencia y conformado por la racionalidad que sus miembros han elaborado. Experiencia, únicamente, en el sentido de no entrenamiento.

El "hombre primitivo" observa, piensa y posee, incorporados en su lenguaje, sistemas metódicos para la construcción de sus conocimientos. Aquellos esquemas que pueden ser denominados como fórmulas o diagramas, son procedimientos mediante los cuales atrapan la caótica realidad en una forma manejable y simple, que les proporcionan un dominio sobre aquella (Malinowski, 1985). La estructura social está regida por reglas y ritos, fruto de una capacidad de racionamiento en cuya base se encuentra un poder creativo que imagina más allá de lo natural y empírico, una existencia que lo trasciende y, a su vez, conserva a la comunidad como única posibilidad de existencia de los individuos en particular. Por consiguiente, la denominación de salvajes obedecería a una aproximación errada de los antropólogos o a la creencia de que la cultura europea es aquella que sólo merece el calificativo de civilizada, sin excluir las pretensiones de dominio y extinción que la mayoría de las veces ha dominado. Y este punto permite reflexionar sobre cómo seguir el camino de la "civilización" y el "desarrollo" propuesto por la cultura europea occidental. ¿Existen, hablando desde el constructivismo, otras posibilidades? ¿Estamos irremediablemente condenados a seguir una racionalidad imperante, imitar y adaptarnos, o podemos construir otra civilización y seguir otros caminos? Si se acepta que todas las estructuras conceptuales y metodológicas son sólo metáforas, formas de ver el mundo, la opción está abierta. Todo es una transformación intelectual, y esta es factible.

Peter Winch (1982) ha criticado la apelación que muchos investigadores hacen a las concepciones científicas occidentales para mostrar la falsedad de las creencias de culturas diferentes, así como el hecho de que el éxito casi universal de los modos de vida occidental al desalojar los "modos primitivos", pruebe la superioridad de las instituciones occidentales. Habría que buscar la explicación en otros aspectos, sobre todo políticos, y en las creencias y suposiciones heredadas.

Winch habla de formas de pensar alternativas cuyo análisis no puede hacerse apelando a los criterios de racionalidad desarrollados por la cultura científica de occidente ni suponiendo que la ciencia, la religión, la magia o lo que se quiera, pretenden lo mismo, y que la ciencia es el mejor modo para conseguir ese fin. En la discusión sobre los "conceptos de los incivilizados", afirma que ellos se aplican en las creencias que mantienen; para saber cuáles son esos conceptos, recomienda el estudio de varias creencias dentro de una misma comunidad, en sus contextos particulares, e investigar lo que significan tales creencias en los mencionados contextos y la importancia que tienen para el tipo de vida que sus miembros llevan.

J.C. Jarvie (1982), un crítico de P. Winch, sostiene que las preconcepciones afectan la comprensión de otras sociedades e introducen el problema de su estudio objetivo, en el sentido de cómo efectuar la crítica de las preconcepciones. Sostiene que en los días de la antropología intelectualista, el investigador daba por supuesto que él y la sociedad de donde procedía, eran modelos de racionalidad y comprensibilidad, algo que lo llevaba a entender mal y a juzgar equivocadamente las sociedades ajenas, simplemente porque eran diferentes. Jarvie está en contra de los malentendidos y/o de los juicios erróneos, pero rechaza el relativismo como alternativa respetable y satisfactoria. Es partidario de que toda la actividad de aproximación implica necesariamente el llevar las propias ideas, los criterios y los conceptos de su lenguaje y su cultura a las otras, tratando de encontrar correspondencias y haciéndolas patentes, para seguir luego con un proceso que permita modificar esos conceptos y esas correspondencias.

Y se diría modificarlas en qué sentido, en la dirección considerada "perse" como la más racional. No hay una racionalidad universal y válida por encima de otras. Existen diversas racionalidades; en el libre juego de la competencia por resultados, la europea occidental ha destruido el medio ambiente, una encrucijada de la cual no sabe cómo salir para conservar su proyecto de sociedad.

Capítulo 6

EL CONSTRUCTIVISMO DE G.A. KELLY

En 1955, George A. Kelly escribió sobre la psicología de los constructos personales —una teoría de la personalidad— (Kelly 1963), que desde una posición filosófica ecléctica y cognoscitiva gira en torno a un postulado fundamental: "Los procesos de las personas se canalizan psicológicamente por las vías en las cuales ellas pueden anticipar eventos". Este autor hizo énfasis en la anticipación antes que en la reacción, señalando que la capacidad creativa del pensamiento se traduce en la elaboración de representaciones del medio ambiente, y que el hombre no es únicamente un autómata que reacciona a los estímulos procedentes del entorno. Kelly denomina su punto de vista "alternativismo constructivo".

El autor se mantuvo relegado hasta el momento en que la epistemología constructivista ganó fuerza como fundamento de las
investigaciones pedagógicas y didácticas en las ciencias experimentales. El marginamiento se debió quizá al dominio del
conductismo, como también a los programas de enseñanza centrados en la existencia de un único "método científico", en el
aprendizaje por descubrimiento y en el de la "solución de problemas", todos de corte empiro-positivista. Abandonadas dichas direcciones por los investigadores en el campo mencionado, Kelly
ha sido retomado y recuperado (Dierks, 1988; Novak, 1988;
Sebastia, 1989; Llorens et al, 1989; Von Glasersfeld, 1985). Al
respecto Dierks afirma que, admitido el constructivismo en la
investigación pedagógica, los psicólogos ingleses descubrieron
en el transcurso de sus desarrollos a un representante temprano de
esta orientación epistemológica, aun cuando Kelly se pronunció
sólo de paso con respecto a las preguntas sobre la enseñanza. En
este campo, su teoría ha sido observada a partir de, más o menos,
1980 (Kierks, 1988).

El texto de Kelly, remite al lector a considerar de otra manera las
nociones que dan cuenta de por qué el hombre hace aquello que
realiza y de afirmar, además, que el ser humano es siempre libre
para reconstruir lo que no puede negar. El libro se encuentra
dividido en tres capítulos: 1) Alternativismo constructivo. 2) Teoría
básica y 3) La naturaleza de los constructos personales.

En el primer capítulo, el autor explicita su basamento filosófico,
el cual hay que encontrarlo por los lados del eclecticismo, de
donde se infiere que su teoría no es dogmática o algo por el estilo;
a la vez, aclara que no intenta elaborar el alternativismo constructivo como un sistema filosófico completo. Señala que su punto de
vista cae en esa parte de la epistemología llamada "gnoseología",
por cuanto apunta al análisis sistemático de las concepciones
empleadas, tanto por el pensamiento común como por el pensamiento científico en la interpretación del mundo e, incluso, en la

investigación del arte de conocer o de la naturaleza del conocimiento como tal. Señala que no toma la idea positivista de constructos mediante los cuales el mundo es escudriñado, algo que es propio del criticismo de Comte.

Kelly indica que su énfasis en la comprobación de los constructos muestra su confianza en los principios del empirismo, y más particularmente, en el pragmatismo lógico. Pero porque reconoce que el hombre se aproxima a su mundo mediante la construcción de este, es en cierta medida racionalista. Además, dado que insiste en que el hombre puede erigir su propia alternativa de aproximación, está por fuera del realismo, el cual afirma que el hombre es siempre víctima de las circunstancias. Ontológicamente, su posición es identificable como una forma de monismo neutral, y al igual que a Spinoza se le atribuye un pluralismo atributivo.

Kelly, en la obra en cuestión, comienza por una perspectiva del hombre. Dice que este se comprende mejor cuando es contemplado a lo largo de los siglos que cuando se le contempla en el parpadeo de los momentos que están sucediéndose. Para él, cada hombre mira a su manera el "torrente" de eventos en los cuales se encuentra a sí mismo, así como aquellos de los que está rápidamente emergiendo. Cuando habla del hombre-científico, no se refiere solamente al estatus de "científico" como una particular clase de hombre que públicamente ha asumido tal condición. Indica con ello a toda la humanidad; humanidad no entendida como una colección de hombres. Cada hombre es, en su particular manera de ser, un científico. Para Kelly, lo científico, en resumidas cuentas, para Kelly, apunta a la predicción y al control.

Extendiéndose en su punto de vista, el autor cree que todo pensamiento está basado en convicciones previas y que un sistema filosófico o científico busca explicitarlas. Agrega que el universo realmente existe y que el hombre lo entiende gradualmente. El mundo es real, que es de él de lo que se habla y que no es solamente aquello que conforman las imágenes fugaces del pensamiento popular. El universo que existe es integral y se piensa como una unidad en la cual las partes que la conforman están interrelacionadas, también es un conjunto de eventos, todos ellos interrelacionados, siendo el tiempo el concepto que permite el enlace de todas las relaciones (hechos). El universo puede ser medido con el concepto de tiempo y se halla cambiando con respecto a sí mismo.

Se apoya en una concepción de la vida para plantear los constructos personales como algo activo. La vida emerge a lo largo del tiempo, y es en esta perspectiva que ha de ser mirada si se desea atribuirle algún sentido. En su cualidad de pensar, la vida es mucho más que mero cambio. Ella envuelve interesantes relaciones entre las partes del universo, del cual hace parte. La criatura viviente es capaz de llevar una representación de la parte del medio ambiente que la rodea. Porque puede representarlo, es que se encuentra en condiciones de acomodar construcciones alternativas y hacer algo sobre el entorno si éste no se acomoda a sus representaciones. Para la criatura viviente, el universo es real, pero no inexorable, a menos que ella elija esta idea para construir sus caminos de vida.

La vida de la criatura pensante es una representación o construcción de la realidad, lo cual no implica que ella no sea en sí misma real. Una persona puede representar erróneamente un fenómeno real y, aun así, sus representaciones erradas serían en sí mismas enteramente reales, es decir, hechos. Toda criatura viviente junto con sus representaciones es parte del mundo real; ella no es una mera espectadora de lo que está pasando en el mundo real extrasubjetivo.

Para Kelly, el hombre mira su mundo a través de modelos transparentes o de estructuras de sentido que él crea, y tales modelos son para adaptarse por sobre la realidad de lo que está compuesto el mundo. Pero tal adaptación no es siempre muy buena; esos modelos pueden hacer aparecer el mundo como una homogeneidad indiferenciada, de tal manera que el hombre es incapaz de construir el sentido de este. Esos modelos o estructuras de sentido son los constructos, como formas de construcción del mundo. Ellos son los que facultan a la criatura humana —y a los animales inferiores también—, agrega Kelly, para planear el curso de su conducta, ya sean explícitamente formulados o implícitamente mostrados, y son consistentes con el desenvolvimiento de otras conductas o inconsistentes con ellas, intelectualmente razonados o vegetativamente sentidos.

Insiste Kelly en que el hombre crea sus propias maneras de mirar el mundo en el cual vive; el mundo no es creado por él. Elabora sus constructos, los cuales son algunas veces organizados dentro de sistemas o grupos de constructos que mantienen en su interior relaciones subordinadas o superordinadas, y los mismos eventos frecuentemente son mirados a la luz de dos o más sistemas. Apreciado en la perspectiva de las centurias, el hombre puede ser visto como un científico incipiente. Cada individuo formula en sus propias maneras, constructos a través de los cuales él observa los eventos del mundo y actúa en consecuencia. Como si fuera un científico, busca predecir y controlar el curso de tales eventos.

Por tanto, establece Kelly, un constructo es una representación erigida por una criatura viviente que luego la ha de contrastar con la realidad del universo. Dado que el universo es esencialmente un curso de eventos, la prueba de un constructo es algo que se hace contra eventos subsiguientes. En otras palabras, un constructo es probado en términos de su eficiencia predictiva. Cuando los constructos son usados para predecir sucesos inmediatos, ellos se hacen más susceptibles de cambio o revisión, la evidencia validativa es prontamente apreciada. Si ellos son usados solamente para predecir eventos en el remoto futuro —la vida después de la muerte, el fin del mundo— no están probablemente tan dispuestos a revisión.

Los constructos son usados para la predicción de eventos por venir, algunas de estas predicciones son correctas y otras, fundamentalmente erradas. Este hecho suministra las bases para la revisión de los constructos y, eventualmente, de todo el sistema. Si se viviera en un mundo estático, el pensamiento también lo sería. Pero porque contiene hechos, su contenido rueda a lo largo del tiempo, el contenido de las predicciones gira en torno a las maneras como los eventos se esperan o no.

Kelly reconoce la existencia de diferentes maneras de construcción del mundo por parte de las criaturas vivientes y del hombre mismo. Algunas de ellas son indudablemente mejores que otras. Mejores aquellas que conllevan mayor precisión y más correctas predicciones sobre más eventos. Dado que una construcción absoluta del universo no es factible, se tendería a estar contento con una serie de aproximaciones sucesivas. Estas pueden ser, a su vez, probadas por partes, con el fin de determinar su eficiencia predictiva. Asume que todas las presentes interpretaciones del universo se hallan sujetas a revisión y reemplazo. Kelly parte de la base de que hay diferentes construcciones alternativas, valoradas para elegir en medio de las relaciones con el universo. Nadie necesita ser víctima de su propia biografía. A esta posición filosófica la llama "alternativismo constructivo".

Kelly desarrolla el segundo capítulo de su obra a través de postulados, corolarios e implicaciones y define, en cada caso, el dominio de los términos que usa. El postulado fundamental ha sido ya mencionado, y con él, lógicamente inicia esta parte del libro. Sigue con el corolario de que una persona anticipa eventos construyendo sus replicaciones. Continúa con el señalamiento de que las personas difieren entre sí en la construcción de sus eventos; cada una de ellas, de una manera peculiar, desarrolla, para su conveniencia en la anticipación de eventos, un sistema de construcción que abarca relaciones ordinales entre constructos. Un sistema de construcción personal está compuesto de un número finito de constructos dicotómicos. Una persona elige para sí alternativas en un constructo dicotomizado, a través de las cuales ella anticipa la más grande posibilidad por extensión y definición de su sistema. Un constructo es conveniente solamente para la anticipación de un rango finito de eventos. El sistema de construcción de una persona varía tanto como ella construya replicaciones sucesivas de eventos. La variación del sistema de construcción de una persona está limitada por la permeabilidad de los constructos dentro de cuyo rango de conveniencia las variantes mienten. Una persona puede sucesivamente emplear una variedad de subsistemas de construcción que son inferencialmente, incompatibles entre sí. Por extensión, cuando una persona, emplea una experiencia de construcción que es similar a la utilizada por otra, los procesos psicológicos involucrados por ella son similares a los de la otra. El proceso de socialización que envuelve a la otra persona se da cuando alguien construye los procesos de construcción de ella.

Sobre lo relatado, hay que decir que divergimos de la concepción restringida de ciencia de Kelly y, por tanto, de su asimilación de todo ser humano a la categoría de científico por el solo hecho de que elabore sus constructos o sistemas de constructos para el dominio y la predicción de eventos. Admitimos, sin embargo, que el hombre común y corriente puede hallarse envuelto en dicha situación, aun en el caso simple de cruzar una calle en las ciudades modernas. El científico profesional no, como puede deducirse de las concepciones actuales al respecto, elaboradas por Kuhn en *Estructura de las revoluciones científicas* y por Lakatos en la recopilación titulada *La metodología de los programas de investigación científica*, al igual que S. Toulmin con *La comprensión humana*. Lo anterior es explicable debido a que en los años en los cuales Kelly escribió su libro, estos desarrollos histórico-epistemológicos no se habían popularizado y dominaba una concepción de ciencia totalmente diferente.

Se comparte, con Kelly, su tesis de que el hombre observa el mundo a través de estructuras mentales que le confieren sentido a lo que ocurre en la realidad y que es desde dichos constructos que planea y ejecuta sus conductas; se niega de plano su asimilación a un autómata biológico que actúa como respuesta a los estímulos que provienen del mundo exterior. El mundo humano es el de las representaciones que ha elaborado la criatura pensante y que se ha socializado por acuerdo programático o por coincidencias en los procesos de elaboración que llevan a una adopción consciente de los sistemas de constructos, en la medida en que ellos posibilitan a cada uno de los miembros de una comunidad que los comparte su desarrollo o la continuación de los proyectos de vida, la realización mejor de los sujetos en el mundo. De hecho, se acepta el principio de que personas distintas tienen procesos de construcción diferentes, y habría que extender tal afirmación a los diversos campos del saber y de las prácticas sistemáticas que han de derivarse de la existencia de las diferencias anotadas. La diversidad de la cultura humana estaría justamente fundamentada en dicho principio.

En el capítulo tercero, Kelly señala que un constructo posee una naturaleza bipolar para mirar algunas cosas como diferentes y otras como iguales, para lo cual se deben construir conceptos opuestos o separados (A vs B). Pero lo opuesto a A y a B pudiera ser también lo no-A y lo no-B, respectivamente. Por eso, para algunos lógicos un concepto es un rango distintivo de la naturaleza de las cosas y no un acto interpretativo de alguien.

Agrega Kelly que el concepto es real, pero su realidad existe en su empleo actual por su tipo de utilidad, y no existe en las cosas que está suponiendo explicar, por lo cual asume el autor una estructura diferente de los conceptos.

Un constructo es una interpretación de una situación y no es en sí mismo la situación que interpreta. Cada persona usa un constructo dentro de un limitado rango de conveniencia. Para una, el constructo A vs. B puede tener un contexto un poco diferente que para otra. La peculiar naturaleza de un constructo personal o la inusual utilización de la terminología puede conducir a un interlocutor a equívocos. En la interpretación práctica de los constructos personales es necesario estar alerta para no dar una caracterización diferente a la manera como una persona se expresa a sí misma. Dado que en su mínimo contexto un constructo podría ser la manera en que dos cosas son igualadas y diferenciadas de una tercera, es decir, poseer tres cosas y dos relaciones, la de igualdad y la de la diferencia, ellas deben estar implicadas en la caracterización.

Dice Kelly que dada la naturaleza de los constructos, se puede concluir fácilmente que ellos están diseñados para instalar un orden en un universo compuesto de objetos inherentemente estáticos, aun cuando su postulado fundamental supone un universo de procesos.

Igualmente, ha dicho que las actuaciones de una persona son canalizadas psicológicamente por las vías a través de las cuales ella anticipa eventos, y que tales caminos existen en la estructura de los constructos, y que un constructo es una abstracción; esta es una propiedad atribuida a varios eventos y por medio de ella pueden ser diferenciados en dos grupos. La invención de dicha propiedad constituye un acto de abstracción, por lo que construir eventos es usar ese conveniente ardid de abstracción para adjudicarle sentido a ellos. Este ardid hace que cada persona lleve su mundo de una manera propia, más o menos, y por esto se puede hablar de una *psicología de los constructos personales.*

Los eventos son organizados en grupos aparte por la construcción de sus replicaciones. Con esto se quiere significar que se debe mirar en la corriente de las circunstancias lo que de ellas sobresale e intentar encontrar en ellas algunas que se repiten en sí mismas. Una vez se ha abstraído esa propiedad, se tienen las bases para dividirlas en pedazos de tiempo y realidad, sosteniéndolas por la inspección en un tiempo. Ese primer paso en la predicción sirve para agarrarse de algo que predecir. Cuando se replican propiedades abstractas de los eventos, ya se ha experimentado, y esto hace posible trazar la ruta de los eventos que vienen en términos de esas mismas propiedades. Si el evento se sucede a lo largo de lo cual todas sus propiedades se intersectan, se identifica tal evento como el esperado y la predicción es satisfactoriamente comprobada.

Dado que una predicción —sostiene Kelly— está basada en constructos bipolares, tiende a tener un si-entonces-pero-no, con lo cual se hace inferencial. Si una cosa pasará, entonces otra no sucederá. Toda predicción siempre envuelve una negativa, como una positiva esperada. El rango de conveniencia del sistema particular que la persona emplea, determina su predicción y está implicada intensivamente en esa cierta cosa que pudiera no ocurrir. Todo constructo deviene estructura de razonamiento de la forma si-entonces-pero-no. Los elementos con los cuales se sigue el hilo del *entonces* son los mismos que están en el contexto y aquellos para el *no* son los de contraste en dicho contexto. Los elementos exteriores al contexto no son tocados por el constructo o no son envueltos en la predicción.

Para Kelly, el rango de conveniencia de un constructo está constituido por todas aquellas cosas que podría recorrer y para las cuales el uso del constructo sería de útil aplicación. El foco de conveniencia es la máxima utilidad para el tratamiento de ciertas materias, por lo que la amplitud de ellas sería el mencionado foco. Elementos son las cosas o eventos que se abstraen desde un constructo. Contexto comprende todas esas cosas o elementos para los cuales el constructo es ordinariamente aplicado; todas las circunstancias en las cuales una persona podiera eventualmente usar el constructo. Los polos son los extremos dicotómicos que envuelven un constructo. El contraste es la relación entre los polos.

Por otro lado, los constructos son los canales a través de los cuales se dan los procesos mentales, son también, y por eso, los controles que se colocan en la vía que toca tanto al individuo como a lo que es externo a él. Control, igualado a determinismo, no es un constructo absolutista, depende desde qué punto de vista se esté mirando. El hombre puede controlar su destino por la ampliación que esté en condiciones de desarrollar del sistema de construcción con el cual se identifica a sí mismo y que es suficientemente comprensible como para subsumir en él el mundo que le rodea. Si el hombre es capaz de desarrollar el sistema de construcción como un autosistema y también como un no-autosistema, y puede predecir desde él, entonces puede ejercer el control; pero como cada constructo posee un par de hipótesis rivales, ellas representan patrones de libertad de movimiento.

Por otra parte, la persona se compromete desde un punto de vista a partir del cual ve el mundo real y los procesos psicológicos como basados sobre esa versión personal de la realidad. Estas versiones personales son constructos que no deben ser confundidos con los hechos materiales de los cuales ellos son versiones personales, ya que son interpretaciones de esos hechos. Pero los constructos pueden ser usados como puntos de vista para mirar otros constructos, tomados como relaciones jerárquicas de constructos dentro de un sistema. En este sentido son supraordenados y, por tanto, versiones de los constructos que han sido subordinados. Tal hecho hace a los subordinados una forma de realidad que es construida mediante el uso de constructos supraordenados. Sin lugar a dudas, un constructo es verdaderamente real, pero su realidad no es idéntica a los elementos factuales de su contexto, con respecto a los cuales es representativa, no idéntica. Su realidad no es la de ellos. El constructo tiene su propia realidad. El y sus elementos son reales, pero la realidad de uno es distinta de la de los otros.

En cuanto a la comunicabilidad de un constructo, Kelly sostiene la afirmación de que no puede ser transferida de una persona a otra con lo que se pierde su realidad. Todo porque la noción de comunicación en sí misma es un constructo, pues se toma como la representación de un constructo, la cual es a su vez un constructo. De ahí que el constructo comunicado sea una elaboración de la persona que recibe la comunicación. A la vez, el constructo de la persona que emitió el mensaje es un elemento de la construcción de quien lo recibió. El constructo de la persona que emitió el mensaje y el de quien la recibió son reales, pero este último es una reelaboración del constructo original, razón por la cual no son identificables.

Los constructos personales de otros pueden ser reelaborados por un observador, cuando les coloca dimensiones comprensivas para que puedan ser, además, evaluados. Una de las dimensiones puede ser el par abstracto-concreto y se calificarán como pertenecientes a una u otra dimensión. Pero tal agrupación es una construcción de quien evalúa y, por lo tanto, no es coincidente. En general, los constructos pueden ser clasificados de acuerdo con los elementos que ellos subsumen. Así, un cierto constructo puede ser llamado *físico* porque se presume trata con elementos que ya han sido construidos como inherentes a lo *físico*.

Al tratar la validación, y antes ha sostenido Kelly que validar es mirar si algún evento falla de golpe sobre el imaginario punto de convergencia de sus constructos relevantes (tiempo, movimiento y coordenadas) como en el cumplimiento de todas sus condiciones presupuestadas, recuerda que los eventos se entienden anticipándolos y que la vida humana está orientada en este sentido. La persona se mueve en el sentido en que puede hacer más y más predecible el mundo, y por lo general nadie se retira a la interioridad de su mundo predecible. La validación representa la compatibilidad (subjetivamente construida) entre una predicción y lo que se observa, de lo contrario se da la invalidación. También se refiere a la verificación de una predicción.

En cuanto a la experiencia, para Kelly es un conjunto de eventos personalmente construidos. Es una extensión de lo que en un momento se conoce y sirve para validar. Si algunas veces se dice que la persona aprende de sus experiencias, es el aprendizaje lo que constituye en sí la experiencia, algo que se da si la persona está preparada para percibir eventos de manera distinta, nueva, acumulando experiencia rápidamente. Experiencia es, entonces, una posición frente al universo de eventos que están sucediendo: el incremento de experiencia es una función de las sucesivas revisiones del sistema de constructos en la dirección general que conduce a incrementar la validez de dicho sistema, siendo la validación la verificación de una predicción.

Capítulo 7

OTROS CONSTRUCTIVISTAS

Fuera de Ernest von Glasersfeld, conocido como el constructivista radical, hay que mencionar a Heinz von Foerster, Lynn Segal, Paul Watzlawick y Peter Krieg, entre otros destacados pensadores. El primero considera que la mayoría de las personas hablan del conocimiento como algo existente antes del acto mismo del conocer, reduciendo este al mero descubrimiento. Para Von Glasersfeld, tal actitud raya en el realismo ingenuo, en especial la creencia de que se pueden conocer las cosas tal como son en sí, como si la actividad del conocer no tuviera ninguna influencia sobre la estructura de lo conocido (Von Glasersfeld, E. 1994).

En la tradicion academia, como se reconocerá, es quizás con la ontología parmenídea y la posición epistemológica sistematizada por Platón y su Mundo de las Ideas, que se inicia la creencia señalada. La suposición de que las respuestas a todas las preguntas, incluyendo aquellas que jamás harán los seres humanos, están dadas, redujo el problema al sentido de lo metodológico. Esa creencia y esa actitud fueron las heredadas por los empiroinductivistas, los positivistas y algunos racionalistas. Ellas son las que niegan cualquier actividad constructivista del pensamiento humano, encerrando y limitando lo cognoscitivo al acto de descubrir lo que ya está hecho, quitándole de paso libertad al intelecto.

Por otro lado y en otro campo, justifica la pasividad y la mera contemplación ya que el origen y principio del conocimiento es Dios en su omniciencia: Él lo sabe todo, Él lo contempla todo, Él es el principio y fin de todas las cosas. Queda entonces claro, reforzándose de alguna manera el principio del descubrimiento que al estar todo dado en los comienzos del ser humano, este no debe hacer otra cosa que someterse al destino de descubrir y copiar: el constructivismo sería así una posición epistemológica ilusa independientemente de la aceptación tácita o explícita de que Dios creó al hombre a su imagen y semejanza.

Inmerso en las concepciones iniciadas por Juan Escoto Erigena (810-877 d.c.) cuando este último afirma que el intelecto produce desde sí y en sí su razón en la que presiente y predispone todas las cosas que desea hacer, Ernest von Glasersfeld acude a Kant y a Vico, en especial al segundo cuando puntualiza que Dios puede conocer el mundo porque Él lo ha creado, pero el hombre sólo accede cognitivamente a lo que él mismo produce. En efecto, el filósofo italiano Giambatista Vico, el primer constructivista según Von Glasersfeld, a principios del siglo XVIII, escribió en su *De Antiquissima Italorum Sapienfia* el primer manifiesto constructivista, que Dios es el "artífice del mundo" y el hombre "el dios de los artefactos" (Von Glasersfeld, E., 1994).

El autor comenta también la crítica, de hoy está adquiriendo fuerza, el concepto de representación, ya que un modelo aceptable de la cognición no debería basarse en representaciones mentales, insostenibles para él desde el punto de vista científico. Está de acuerdo con Heinz von Foerster, para quien las representaciones mentales requieren lógicamente que haya algo dentro de los seres humanos que pueda mirar las representaciones e informar de sus contenidos (Segal, L., 1994).

El problema se vuelve álgido en el campo de la enseñanza y del aprendizaje de las ciencias, incluso por fuera del paradigma del transmisionismo-repeticionista, por cuanto se da por sentado que el objetivo es la incorporación de las nuevas generaciones a las distintas comunidades de especialistas, las cuales, dentro de sus metalenguajes, comparten significados y sistemas de significación asimilados como representaciones mentales, expresión ésta que no puede confundirse con la de imágenes mentales. No obstante, subráyese que el constructivismo de Ernest von Glasersfeld y el de Heinz von Foerster, no admite la categoría de representación.

Apartándose de la epistemología evolucionista, tipo Toulmin por ejemplo, Von Glasersfeld posee una concepción del conocimiento emparentada con el concepto darwiniano de evolución, en el sentido de "encaje", en cuanto a que cada organismo tiene una forma física y una modalidad de comportamiento que "encaja" en el ambiente que le toca vivir. No se trata pues, de una relación de representación, sino de relación de encaje, en determinadas circunstancias, por tanto, para ser viable, todo nuevo conocimiento debe adaptarse al esquema previo de estructuras conceptuales existentes, de tal manera que no genere contradicciones. Si las hay, sostiene E. Von Glasersfeld, o cambia ese pensamiento o deberán cambiar las viejas estructuras. (Von Glasersfeld, E. 1994).

Pasando a Heinz von Foerster, Paul Watzlawick, uno de sus discípulos, destaca de aquel su aceptación de la bisociación que hay entre el observador y lo observado, oponiéndose a la empresa empiropositivista de investigar el mundo en su supuesta realidad objetiva, independiente de lo humano. Es claro que llegar a ese mundo sin sujeto no es otra pretensión que la de alejar dicho mundo de toda contaminación subjetiva, por lo tanto, implica supresión también del observador. De ser así, según Von Foerster, todo universo del que se ha expulsado lo subjetivo deja precisamente de ser observable (Watzlawick, P. 1994).

Con Von Glasersfeld, habría que agregar que el constructivista se despide necesariamente de la creencia empiropositivista de una realidad objetiva en sí y objetivable sin el sujeto que, como proyecto ético de vida, emprenda esa tarea dada la condición de ordenar el entorno de su interioridad para actuar en él de una manera y persiguiendo unos objetivos preconcevidos.

Ese imaginar-ordenar-actuar de un sujeto crea la objetividad en términos experienciales (Pérez Miranda, R. y Gallego-Badillo, R., 1994).

Von Foerster llama constantemente la atención sobre los peligros del lenguaje, en especial, porque muchas veces las dificultades de la comprensión se deben a que se cree trabajar con objetos cuando en realidad son procesos. En todo caso, en lo referente al supuesto de que el lenguaje es predominante denotativo, afirma que cuando se dice "silla" y se le señala para denotar el objeto llamado silla, no se señala la silla de nadie, sino que se evoca en cada quien el concepto que tiene de silla, fundado en nociones recíprocamente compartidas respecto de ese referente particular (Von Foerster, H., 1994).

Heinz von Foerster afirma que se construye o se inventa la realidad, en lugar de descubrirla. Agrega igualmente que hay un engaño en la división del mundo en dos realidades (la subjetiva de la experiencia y la objetiva que está afuera) y en la creencia de que el entendimiento está basado en la adecuación de la experiencia a un mundo que supone existe independientemente del ser

228

humano. No se crea por esto que H. Von Foerster cae en el solipsismo. Para salirle al paso, inventa el concepto de correlación. La creencia en una realidad objetiva surge de la correlación de la experiencia sensorial. Se puede ver y tocar un objeto, por lo que se puede correlacionar la experiencia que de él se tiene y que opera con él (Segal, L., 1994).

Peter Krieg, desde el periodismo, recuerda que no puede haber objetividad entendida como una reproducción absolutamente fiel al original, ya que toda percepción recibe el color de quien percibe. Recordando a Heinz von Foerster, anota que la condición de toda percepción son los conceptos, con los que se impone la distinción y hacen que surjan el mundo, aparentemente fuera del observador. Esos conceptos frecuentemente hacen olvidar que ellos sólo representan métodos de puesta en escena, creando la ilusión de que el observador es testigo inmediato de la realidad (Krieg, P. 1994). Si se inventa algo, entonces es el lenguaje el que crea el mundo; si en cambio se cree que se ha descubierto algo, el lenguaje no es más que una imagen, una representación del mundo (Von Foerster, H., 1994).

Capítulo 8

SABER Y PODER

Conocimiento y comunidades de especialistas

En el mundo de las relaciones políticas y económicas actuales, adquiere mucha más fortaleza el convencimiento de que la mayor riqueza de una nación radica en el conocimiento científico y tecnológico competivivo. Se sobreentiende que ese conocimiento se está elaborando en forma permanente dentro de las distintas comunidades de especialistas, las cuales se reproducen críticamente mediante un sistema educativo institucional orientado con el fin de lograr ese objetivo, con el apoyo del entorno sociocultural, que reconoce de manera efectiva la importancia del trabajo productivo realizado por esas comunidades.

El desarrollo y progreso de ese conocimiento científico y tecnológico, por otra parte, no puede ser entendido sino dentro de una estrategia global, política y económica, en la cual no pueden ser abandonados los otros sectores de la cultura, pues se perdería el necesario equilibrio y se obtendría una sociedad hipertrofiada que, más temprano que tarde, se encontrará navegando en una ruta hacia ninguna parte, sin el horizonte humanista que le da sentido a toda propuesta.

En el plano de las justificaciones, es menester atender a la pregunta que indaga por lo imperioso de la construcción de un conocimiento científico y tecnológico competitivo. La respuesta está por los lados de la constitución de una sociedad abierta, en oposición a la organizada en torno a la tribu y a los clanes, la cual, por la estructura y la calidad de las interactuaciones de sus miembros vive en un mundo cerrado de tradiciones, con una movilidad paquidérmica.

Se ha venido sosteniendo en forma reiterada a lo largo de las presentes anotaciones, que el ser humano en comunidad construye estructuras conceptuales y metodológicas, organizaciones de representaciones-actuaciones, como el único medio que tiene a su alcance para formular, intervenir y controlar los procesos o acontecimientos en la realidad extrasubjetiva, la cual, cualquiera que sea, es eminentemente social. Para efectos del dominio y control, el ser humano organiza el entorno, de tal manera que pueda obtener en mayor grado los resultados que se ha propuesto. Ese ordenamiento de lo externo se halla casi que en una relación biunívoca con la estructura conceptual y metodológica desde la cual es representado y pensado en términos operativos de factibilidad de los propósitos.

El ordenamiento en persecución de un fin es una actuación presente en todos los órdenes de la existencia. Así, el hombre crea organizaciones sociales, instituciones políticas y económicas, con unos parámetros, unas reglas y un rigor que han de cumplirse, canalizando pensamientos y actuaciones e instituyendo algoritmos de control, para que dentro de ellas se puedan producir los efectos esperados. Algo análogo ha de afirmarse con respecto al conocimiento científico y tecnológico, el cual es también una institución sociocultural cuando se entiende, desde el constructivismo, como resultado del trabajo de las distintas comunidades de especialistas.

En una sociedad tribal, cerrada, el sistema de representaciones está conformado por la estructura nocional mítico-mágica y sus actuaciones rituales como otras formas de entender, organizar y controlar la realidad extrasubjetiva, la cual, dentro del animismo que la caracteriza, posee y refleja las mismas cualidades de los humanos, esto es, hace aparecer el mundo a la conciencia como si este poseyera conciencia también, y se entabla un diálogo distinto al de las relaciones que montan las estructuras conceptuales y metodológicas fundadas por el pensamiento científico-tecnológico.

Ambas formas de ser del humano en el mundo funcionan puesto que, como se dijo, son formas de organización social que ordenan la realidad para el respectivo control y dominio. Ambas intentan atrapar la diversidad y la pluradidad en la coherencia de sus descripciones y explicaciones, instaurando sus formas de reducción al mínimo el azar de los acontecimientos inesperados. Mientras la estructuración mítico-mágica se mantenga en las fronteras de las delimitaciones hechas, mantiene a raya las sorpresas desagradables. De ahí el imperativo de cerrarse, de construir fronteras selectivas que dejan pasar a su interior sólo lo explicable y descriptible dentro de sus cánones. Por consiguiente, no tolera el libre intercambio de ideas y de productos materiales; su competitividad es precaria y no labora en el horizonte de la necesidad de construir, en forma permanente, nuevas concepciones sobre sí y sobre el mundo natural. Su comercio se estancará en las formas primarias de la producción y desconocerá el trabajo intelectual creador.

Por otro lado, y acudiendo a la termodinámica, si se parte del principio de que todo ordenamiento de una porción de la realidad genera desórdenes en otras o en el entorno de lo sistematizado, cualquiera sea la concepción de la cual se parta para tal efecto, el conocimiento científico y tecnológico, por una parte, es la forma más eficiente de reducir el azar al mínimo en el espacio de actuación delimitado y, por otro lado, su basamento en la crítica conceptual y metodológica y la revisión de sus fundamentos constituye la herramienta principal para una sociedad abierta que quiere hacer presencia en un mercado internacional cuyo intercambio rebasa la mera recolección de productos naturales y artesanales.

El significado de la verdad

En la lucha ideológica por imponer una concepción del mundo frente a otra, emerge siempre este problema, es ahí donde el debate en torno a la verdad adquiere su potencia, y cada una de las fracciones en conflicto esgrime sus mejores argumentos para demostrar sus razones y tratar de explicitar que los hechos apoyan más fidedignamente a una que a la otra. No se está, pues, en el terreno del realismo ingenuo y del empirismo de secano, los cuales se entretienen en discusiones sobre si los árboles en concreto existen o no, si los automóviles son o no son reales.

El preámbulo sirve para justificar la necesidad de los procedimientos de verificación. Como es conocido por todos, en su general significado etimológico verificar es hacer verdadero aquello que se postula sobre los acontecimientos naturales y sociales, en el orden de adquirir seguridad para sí y poder convencer a los demás de lo mismo. Desde cada sistema de representación conceptual y metodológica, nocional y mítico-mágica, quienes los comparten tratan de producir hechos que hablen en favor de sus tesis y, al mismo tiempo, intentan utilizar en favor suyo los acontecimientos provocados por los contendientes.

En este orden de ideas, entonces es indispensable descartar la existencia "per se" de la verdad. En términos de una racionalidad militante, hacer verdadero, verificar o construir una concepción de la sociedad o de la naturaleza es un proceso necesariamente demostrativo, un mostrar mediado por la razón que lleva implícita una interactuación de los miembros de una comunidad y, por consiguiente, es un hecho social que los involucra. De ahí, pues, que debe incorporar de alguna manera, casi siempre en favor de la intencionalidad tácita o explícita, los puntos de vista de los miembros de la comunidad de que se trate. Esta incorporación precisa de unas transformaciones fundamentales de los puntos de vista, con el fin de que encuadren en la concepción propuesta que reclama verificación. De otra forma no se podría alcanzar el objetivo de convencer, de ganar para el proyecto, de que los miembros de esa comunidad acepten, por vías de la razón, la propuesta que se les ofrece al entendimiento.

El convencer puede obedecer a varias intencionalidades. Una de ellas, formar súbditos, discípulos o correligionarios que prediquen la concepción e intenten hacer el mismo trabajo con personas distintas, convenciéndolas también y utilizando para tal efecto los contenidos de verdad construidos. Otra intencionalidad puede ser, generar un grupo de individuos encargados de construir, en forma permanente, nuevas y diferentes estructuras conceptuales y metodológicas dentro de un proyecto político que así lo exija. El punto de partida para ellos es el convencimiento de no poseer verdades absolutas, sino sistemas que funcionan dentro de unos espacios delimitados, de conformidad con un tipo particular de representaciones.

Pero el acto de involucrar a otros para que una intencionalidad dada sea factible, ha de tener en cuenta que también son seres humanos, que ellos persiguen un fin cada vez que actúan o participan de una actuación. Por tanto, y desde estas consideraciones, exige ofrecer algo a cambio de la aceptación, que satisfaga sus intereses, motivaciones y necesidades o negociarlos y transformarlos para mostrar cómo aquello que se propone para ser admitido los satisface de otra manera. El ofrecimiento puede ser la promesa de una vida mejor, de una felicidad infinita ya sea en la tierra o en la vida de ultratumba, como ocurrió con el esquema órfico. Puede ser, igualmente, la participación proporcional en las ganancias de una empresa, la adquisición de cuotas en el poder político ("clientelismo") o el otorgamiento de autoridad científica y académica con la imagen, el prestigio y el dominio que este hecho significa.

Los casos extremos y antidemocráticos están por el lado de la imposición violenta (simbólica o fáctica) de una concepción, el sometimiento por la fuerza a una verdad que se supone única, donde la negociación nocional y conceptual está penalizada, es un crimen la disidencia ideológica y se penalizan las ideas alternativas, los puntos de vista distintos.

Acudir a la verdad, entonces, no tiene otro propósito que generar un núcleo de creencias aceptables por una mayoría con el fin de poner al mundo, a un país, a una comunidad o a un grupo a girar en torno a ellas, encauzar esfuerzos y someter el trabajo intelectual y el material a producir en una dirección, la cual puede ser tan abierta como se determine. La verdad tiene, por consiguiente, una sustentación y una función meramente ideológica. Y esto se afirma a sabiendas de que ya no hay cabida para las grandes teorías universales y unitarias, mantenidas por un centro de poder omnisciente y omnímodo. Por tanto, cuando alguien aparece proponiendo algo similar, hay que sospechar de él: quiere ser el gurú, el mesías; desea que los demás giren a su alrededor.

El camino está abierto, por tanto, y esto es constructivismo, para la admisión del principio de que todos los seres humanos desde sus diferentes nichos socioculturales, tienen razón, ya que sus estructuras de representación-actuación cuentan en su aval con éxitos relativos en cada uno de sus planos existenciales, con experiencias teórico-prácticas positivas en sus luchas contra la muerte individual y colectiva. Es preciso entonces, aceptarlas como base para una racional negociación conceptual y metodológica si se desea una real democracia participativa en todos los órdenes de la vida en comunidad.

Errores conceptuales y metodológicos

Esta expresión ha sido acuñada por un sector de los investigadores en la enseñanza de las ciencias, con la cual, bueno es reconocerlo, se instauró un paradigma distinto sobre la pedagogía y la didáctica en relación con lo que tradicionalmente se venía aceptando dentro del esquema del transmisionismo-repeticionista imperante desde la antigüedad. A la luz de una perspectiva constructivista global que no admite superioridades, la idea de los errores conceptuales (García Hourcade, J., 1988) y metodológicos amerita una redefinición, sobre todo si ya no se acepta una verdad unitaria y universal.

Los conceptos, las nociones y las categorías, como sistemas de representación que hacen aparecer el mundo ante la conciencia de una determinada manera, funcionan en cada espacio de la existencia cultural que haya propiciado sus construcciones, por cuanto permiten comprender, formular e intervenir en los acontecimientos delimitados en cada ámbito de actuación. Una cosa es la vida cotidiana, otra el mundo de los negocios, de los artesanos, de los industriales y de las comunidades productoras de ciencias y tecnologías, cada uno con sus conceptos, categorías y algoritmos de pensamiento y actuación válidos en sus ámbitos.

El problema se encuentra cuando se inscriben las distintas estructuras de representación-actuación dentro de las demandas de optimización de la productividad, en un ambiente sociocultural y económico que quiere entrar a la competencia industrial globalizada. En este caso, en vez de errores conceptuales y metodológicos, referidos a verdades admitidas, habría que hablar de estructuras conceptuales y metodológicas poco eficientes, menos productivas, con las cuales no se puede competir en un mercado basado en los productos de las ciencias experimentales y las tecnologías. Se podrían también traer a colación discusiones sobre la calidad de vida, el problema del desempeño, etc., en un análisis comparativo entre las distintas sociedades.

Especialistas-conocimiento-información

Los nuevos teóricos de la economía y de la administración (Summa Internacional, N..65), partiendo del convencimiento de que el agente productor de riquezas en la era posindustrial es el conocimiento científico y tecnológico, sostienen precisamente que el recurso clave para una empresa de hoy no es el capital, el personal o la planta, sino el conocimiento y la información, ya que las ideas son lo esencial. Al respecto hay que estar parcialmente de acuerdo con lo anterior, indispensable el equipo de especialistas (el cual no puede ser dado por supuesto) en condiciones de producir conocimiento (estructuras conceptuales y metodológicas innovadoras y nuevos prototipos) y de descodificar sistemáticamente la información creada por la competencia.

Se reafirma aquí que todo conocimiento se traduce en información especializada y que esa información es mercancía, dado su valor de uso y de cambio. El uso requiere de una conceptualización que tenga en cuenta la problemática de las patentes y los

238

derechos de autor. De hecho, una información no puede ser usada violando los reconocimientos legales. Una salida consiste en producir nuevo conocimiento a partir de ella (la información competitiva es secreto industrial o secreto de Estado). Los especialistas, desde sus estructuras conceptuales y metodológicas y sus intencionalidades empresariales, descodifican y producen aplicaciones innovadoras.

Lo anterior permite concluir que, en el terreno de la competitividad del mercado global, primero, no vale la pena tomar una información especializada y actual para repetirla de memoria y aplicarla tal cual, ya sea porque está prohibido legalmente o porque ello significa estar a la zaga. Segundo, lo anterior podría ser factible si la información científica y tecnológica competitiva no constituyera secreto industrial o de Estado y circulara libremente una vez producida. Ella sale a la luz pública cuando ha dejado de ser útil para los efectos de la competencia. Tercero, los especialistas están obligados a construir conocimientos científicos y tecnológicos de manera permanente (los departamentos de investigación y desarrollo), pues de no ser así, la empresa cae en obsolescencia y pierde terreno.

Aparte de lo anterior, la información científica, como mercancía, circula entre los consumidores, que son a su vez productores. Este mercado especializado produce y exige la necesidad de la calidad de esa información, a la vez que de los procesos de investigación que la producen, así como de los colectivos cuya ocupación principal es la generación del conocimiento competitivo para el proyecto político e histórico con el cual están comprometidos.

Los costos del conocimiento

La investigación es un trabajo intelectual y fáctico de mucha responsabilidad ética, tanto individual como social, que compromete todas las potencialidades de los especialistas. Y no es fácil. Si se mira y se contabilizan los años de esfuerzos, de aprendizaje significativo, de transformación intelectual, vale decir, de cambios conceptuales y metodológicos y de construcción y afinamiento de intereses y actitudes requeridos para pertenecer a una comunidad dedicada a la producción de conocimientos, entonces no cabe otra afirmación: este no es gratuito. Agréguesele, además, los costos de la investigación misma, entre los cuales es menester incluir el sostenimiento de los investigadores, unos salarios suficientes para que su preocupación se centre exclusivamente en su trabajo.

Por otra parte, no es gratuito porque es una construcción humana, fruto de una labor especializada, por lo menos cuando el conocimiento de que se trata hace referencia al cobijado en los campos académicos. No costaría nada si fuera algo como el aire, que está ahí para ser respirado. Ocurriría algo semejante si se encontrara por ahí, tirado a la vera del camino; incluso, si se obtuviera por revelación, para lo cual bastaría con estar en *estado de gracia*, en sintonía con la divinidad. También sería gratuito si fuera sólo un recordar experiencias anteriores, experimentadas cuando se estaba en el *Topus Urano*. No cuesta nada cuando es obsequiado a cambio de nada.

Piénsese ahora que circula en el mercado bajo el aspecto de información especializada y actualizada. Dada la continua innovación que exige la competencia, el nuevo conocimiento posee altos costos y no circula libremente. Se halla sometido a restricciones. En este orden de ideas, sufre depreciación en la medida de los desarrollos planteados por el mercado. Así pues, se vuelve obsoleto y en tal estado se ofrece a bajos precios, aun cuando para las sociedades que no se hallan en la frontera de la producción, tenga gran importancia. A pesar de lo anterior, conserva un valor histórico, epistemológico y pedagógico-didáctico.

Las consideraciones precedentes llevan a la introducción de la categoría de desechable para la información especializada obsoleta: adquiérala y úsela en el momento, porque después no será sino para la historia, testimonios del camino recorrido. Piénsese además, que la mayoría de los artículos que traen las revistas científicas no son trascendentales, son pura ciencia normal, para utilizar la expresión kuhnniana, nada de ciencia revolucionaria.

Es una propuesta que puede ser escandalosa para algunos y una monumental herejía para los fundamentalistas, además de lo consabido en cuanto a las asignaturas en los currículos y el trabajo pedagógico y didáctico. Pretenden desarrollar armónicamente todas las cualidades que caracterizan al ser humano (racionalidad, afectividad, eticidad, esteticidad, politicidad, religiosidad, sexualidad, etc.), de manera integral, así como ganarlo para la sociedad civil; en una comunidad de especialistas, el docente también tiene como horizonte de sentido "venderle un cuento" a los alumnos, ésto es, hacerlos clientes potenciales de las publicaciones y otros productos que elabora la comunidad de especialistas a la cual ese profesor pertenece. En otras palabras, formarlo como consumidor y usuario de servicios en un contexto ético para que exija calidad. Cada estudiante se transforma así en alumno-cliente, condición *sine qua non* para aplicar la "calidad total" al proceso educativo.

EPÍLOGO

Para el lector que por primera vez se introduce en esta temática, la mejor entrada en la discusión sobre el constructivismo es un conjunto de preguntas con relación a la naturaleza de las prácticas y de los saberes. Tales preguntas conducen a la reflexión crítica sobre los propios puntos de vista que se poseen.

Es ahí donde esta posición filosófica del conocimiento humano entra a polemizar y a elaborar una visión distinta a las creencias que al respecto circulan. Se buscó en este ensayo un diálogo creativo y no una exposición demasiado sofisticada, erudita y estéril.

¿Qué se entiende epistemológicamente por saber y por práctica? ¿Por qué se afirma, por ejemplo, que la radioastronomía es un saber, mientras que la técnica (no la tecnología) es una práctica sistemática? Un saber, cualquiera que este sea, rigurosamente hablando, ¿se descubre, se encuentra en el mundo o es construido por el hombre? ¿Los saberes se trasmiten a las nuevas generaciones o son adoptados desde la racionalidad de estas, en un proceso de reconstrucción y adaptación histórico-crítico? En el mismo orden de ideas, ¿es trasmisible el conocimiento? ¿Cuál es la distinción y la claridad que es dable establecer entre conocimiento e información? ¿Son actos de conocimiento la memorización y la repetición mecánica de una información? ¿Cuáles son las razones por las cuales los seres humanos están irremediablemente abocados a elaborar saberes y prácticas? ¿Cuál es la necesidad existencial para que dicha actividad sea un imperativo?

Con el fin de ayudar a la discusión, piénsese en la siguiente situación: una comunidad le encarga a un albañil la ejecución de ciertas obras, gracias a la confianza que ella posee en el *saber* de dicho artesano. Él, a su vez, se reconoce como maestro en este arte y se preocupa por ejecutar sus trabajos con la mayor perfección de la que es capaz. En el mismo grupo humano, las familias ponen a los parientes en manos del médico, con la seguridad en el *saber* del galeno. Es una convicción general que tanto el albañil como el profesional de la salud saben su oficio, y se dice de ambos que son depositarios de un *saber*, distinto en cada caso. ¿Cuál es la diferencia que existe? Sin lugar a dudas, no es el tiempo de aprendizaje requerido en cada sector para el dominio respectivo. También podría no ser el esfuerzo intelectual consumido, ya que ambos, en un ejemplo un poco burdo, pudieran haberse limitado a repetir lo enseñado por sus maestros, de los cuales terminaron siendo colegas. ¿La distinción se halla en los presupuestos de desarrollo intelectual necesarios para acceder a los distintos *saberes* referenciados? La discusión queda abierta.

Por otra parte, si las prácticas sistemáticas y los saberes se descubren o se encuentran, entonces se hallan formando parte integral de lo natural y se adquieren por la simple inspección visual de una mente alerta. Lo anterior significa que en algún lugar del mundo existe "la fuente de la sabiduría" o, mejor, del conocimiento, de tal manera que el trabajo intelectual del hombre se reduce a encontrar el camino que lleva a ella, para beber y saciarse; algo así como ir preguntanto por ahí cuáles son sus coordenadas geográficas. Además, es referible otra situación. Si el saber está en alguna parte del espacio y del tiempo, existe la posibilidad de que se traslade y le llegue a la persona que lo espera ansiosamente; en cualquier momento lo obtendrá por revelación. Y si hay revelación, lo más factible es que exista un revelador que lo entregue, utilizando algún medio didáctico, sin que de paso sea menester un consumo de energía por parte del beneficiario.

Estas personas que creen en la existencia de la fuente del conocimiento son, a lo mejor, las más fervientes sostenedoras de la trasmisión del conocimiento (el paradigma trasmisivo-repeticionista). El jefe de familia le trasmite a su descendencia las prácticas y los saberes que recibió de su padre, quien a su vez, lo obtuvo del suyo, en una regresión hasta los orígenes, tan larga como se desee, en los cuales se encuentra un ente con una sabiduría sin fronteras, que generosamente los entregó de manera parcial, de viva voz y con ejemplos a imitar estricta y celosamente.

La historia de muchos pueblos acude en apoyo de lo afirmado en el párrafo precedente. La civilización muisca, para citar sólo un caso, una cultura precolombina que habitó en el centro de lo que hoy es la República de Colombia, por motivos sociopolíticos que sería indispensable esclarecer, se negó a sí misma la autoría de sus prácticas y saberes. Ellos no los construyeron, el dios Nemqueteba, un venerable anciano que apareció de pronto por el oriente, se los enseñó en un acto piadoso y de condolencia con los pobres ignorantes. Los instruyó en las artes de cultivar la tierra, de tejer hermosas y multicolores mantas, de fabricar cántaros y ollas de barro para uso doméstico. También cómo trabajar el oro y producir objetos de arte, además de indicarles las verdaderas fronteras entre el bien y el mal.

La idea de la existencia del conocimiento por fuera del ser humano no es tan primitiva como el ejemplo podría dar a entender. En efecto, *mutatis mutandis* es la creación básica del paradigma platónico.

Contrario a tal visión, el constructivismo o la epistemología constructivista sostiene que los hombres organizados en comunidades y en relación con sus espacios geográficos, construyen las prácticas y los saberes mediante los cuales mantienen interrelaciones con la naturaleza, con la sociedad y consigo mismos; interrelaciones productivas de estabilización social y supervivencia; nadie se los revela, los regala o trasmite, como tampoco los encuentran inspeccionando los alrededores. Desde este punto de vista, se aparta radicalmente del empirismo ingenuo, del clásico baconiano (inductivismo) y del empiro-positivismo, como se demostró a lo largo de este trabajo.

En cuanto a la necesidad de elaborar prácticas y saberes, muchas respuestas han intentado ofrecer una comprensión al problema. En una línea biologicista, se afirma que la urgencia se debe al hecho de que el hombre es un animal con carencia de un programa cerrado de aprendizaje, vale decir, con un estrecho repertorio de conductas instintivas, suficientes para la supervivencia, de tal manera que baste un entrenamiento para aflorarlas y cualificarlas. Siendo esta la situación en la cual se encuentra el ser humano al nacer, este se halla obligado a inventar interrelaciones consigo mismo, y con el entorno, en persecución del dominio y prevención de los hechos. Una cualidad que es posible gracias a un cerebro que simboliza la experiencia, imagina relaciones no evidentes entre los objetos, es autoconsciente de que él es quien piensa y elabora los cuadros sobre el mundo exterior y crea lenguajes articulados para nombrar, categorizar y conceptualizar las cosas y las relaciones postuladas entre ellas, hilvanar descripciones y explicaciones y, a la vez, comunicar a sus semejantes sus concepciones, las miradas particulares que establece y desde las cuales actúa.

De hecho, la suposición que se ha relatado es incompleta. A lo dicho es indispensable agregar el punto de vista competitivo, junto al deseo, en cuanto al individuo se refiere, de lograr el reconocimiento social. Sin lugar a dudas, el mismo argumento es válido para la comunidad en relación con las otras con las cuales se halla ligada en un marco de interdependencias. Surge entonces la autoestima como alimentadora del proceso, aunada al normal desarrollo de la autodiferenciación en el seno del grupo al que se pertenece, el cual reclama para cada quien la definición y puesta en práctica de un proyecto ético de vida; todo, porque cada sociedad es un libreto compuesto merced a la coordinación de los libretos individuales que sus miembros están obligatoriamente impulsados a formular y a desarrollar. La competitividad, por tanto, en el espacio del mutuo respeto, del ponerse en el lugar del otro para reconocer al *tú*, es entendible en el interior de las interrelaciones que los individuos crean consigo mismos, con la naturaleza o la delimitación geográfica en donde desarrollan las actividades existenciales, con los saberes y prácticas validadas y aceptadas en un momento histórico dado, con los logros culturales en general y con las otras sociedades en la universalidad de la mutua comprensión y cooperación.

Las interrelaciones así formuladas son eminentemente de producción y de productividad, tanto de bienes materiales como espirituales, en el horizonte de una vida que ha de vivirse con dignidad y sin sobresaltos. Los primeros resultan básicos para el intercambio económico y comercial. Los segundos son de suma importancia para estar al mismo nivel intelectual de las otras sociedades o naciones, evitando ser apreciados como menores de edad y alcanzar, así sea de otra manera, ese plano de igualdad en la cual es factible la interdependencia. Acéptese, además, que fuera de ser la producción y la productividad espiritual un reflejo del desarrollo intelectual alcanzado por los miembros de una comunidad, existe una estrecha relación causal (no mecánica) y dialéctica entre la calidad de los productos materiales y el de las elaboraciones estrictamente intelectuales.

En otro aspecto del enfoque constructivista, en una apreciación general, hay que señalar que si de una sociedad abierta se trata, pluralista y democrática, en ella no circula una única práctica y un sólo saber, impuestos oficialmente como los verdaderos, acabados y absolutos, por fuera de los cuales no es concebible pensar y actuar en el mundo. En las comunidades abiertas se dan múltiples y diversos saberes y prácticas, así como concepciones sobre estos y sus procesos de producción, en progresiva y sana competencia, bajo la regulación del pacto social y los acuerdos programáticos. Todos sometidos al juego de la demostración pública y la productividad. Poseen mayor dominio los que permiten seguir adelante y producen más hechos empíricos.

En esas sociedades abiertas y en permanente cambio, nadie corre el riesgo de llegar a ser tratado como alienado, intelectualmente hablando. Allí donde está prohibido dudar, ser distintos, pensar de otra manera, ser disidente y buscador de alternativas, surge el fenómeno de la clandestinidad, de tal manera que las prácticas y saberes novedosos se ven impulsados a circular bajo el pacto del secreto, del juramento de silencio, con perjuicio, en última instancia, del desarrollo cultural de la humanidad en su conjunto.

Puesto que de alguna manera se ha hecho alusión a la verdad y, de paso, a cuestiones de carácter eminentemente político (algo que es ineludible cuando de la naturaleza no privada del saber se trata), van algunas ideas iniciales sobre ellas. La verdad, en primer lugar es una creencia arraigada en los discursos míticos, religiosos y en el saber cotidiano y está atada a lo puramente sensorial (lo que existe es aquello que en principio es señalable con el dedo) y al pragmatismo de corte oportunista. En segundo lugar, es una preocupación sistemática de los empiristas y positivistas, quienes dan por supuesto que ella existe como ser del universo y se ocupan afanosamente en buscarla. Existe la obsesión de poseer la verdad con propósitos, supuestamente, discriminatorios. Quien dice poseer la verdad, desea imponerse a los otros; ella posee intencionalidades ideológicas de dominio y sometimiento.

En el terreno de la praxis política, es menester sostener que son las comunidades las que construyen y reelaboran sus estructuras sociales, sus leyes y sus normas, sus valores y, en general, el conjunto de relaciones de intercambio, así como también las metas hacia las cuales desean encaminarse. Construyen, incluso, los procedimientos mediante los cuales las estructuras establecidas deben ser transformadas o adecuadas a los nuevos hechos culturales que ellas mismas van generando, en la medida de su desarrollo económico y social.

Saltando ahora y puntualizando lo estrictamente educativo, es ya reconocido por los investigadores en la pedagogía de las ciencias experimentales y las tecnologías, principalmente, que la diaria práctica docente se halla determinada en gran medida por la posición epistemológica, ingenua o elaborada, que los profesores han adoptado. Vale aclarar, por la concepción de práctica y de saber en la cual creen con firmeza, así como de los procesos de producción de los mismos y la manera como estos llegan a ser del dominio público. Desempeña, igualmente, un papel preponderante la política puesto que los educadores trabajan en la consolidación de un proyecto concreto de sociedad (abierta y en permanente desarrollo o cerrada y resistente al cambio), la autoestructuración del ciudadano que ella precisa para existir realmente (de hecho es discutible la aceptación de la categoría de ciudadano en una sociedad cerrada). De la misma forma, está presente en la cotidiana praxis de los profesores la clase de percepciones sobre las prácticas y saberes que deben primar en la enseñanza, impulsadas por el círculo de padres de familia, las asociaciones de estudiantes (cuando no son considerados como menores de edad), de gremios profesionales, comerciantes e industriales y, por supuesto, las autoridades del sector educativo y la burocracia didáctica en especial. Lo peor que puede darse en este último caso es la imposición de lo que se considera verdadero (la verdad oficial) y el sometimiento a un único camino para alcanzarla (el método científico, por ejemplo).

Es menester reconocer que los alumnos deben actuar concientemente en el proceso. Ellos, como seres humanos, inteligentes y pensantes, no pueden ser los convidados de piedra que la práctica tradicional asumió. Poseen sus propias ideas sobre los saberes, han elaborado autónomamente convicciones sobre por qué están allí haciendo parte del plan de estudio. Los alumnos han construido descripciones, explicaciones y metodologías sobre lo mismo acerca de lo cual hablan los discursos profesorales y los libros de texto, para demostrar y hacer validar lo que saben al respecto.

Se admite, por tanto, que en el aula de clase se da un tejido completo, y a veces contradictorio, de relaciones epistemológicas, sociales, políticas y pedagógicas, imposibles de desconocer a la hora de adelantar un estudio riguroso y profundo de la educación. Es toda una problemática para la investigación, cuya empresa de elucidación no es tan sencilla como aparentemente pudiera parecer, y que el paradigma trasmisivo-repeticionista apartó en un acto de gruesa simplificación. Suponer de entrada que los alumnos, por ejemplo, son tábulas rasas, podría obedecer al objetivo de imponer una cultura validada, con el fin de que la sociedad siga circulando alrededor de lo mismo. Y esto es una mentalidad colonizadora.

De hecho, frente a las nuevas generaciones son dables, en el proceso educativo, dos actitudes: asumirlas como ignorantes e incultas y, por tanto, se les implantan las informaciones de los saberes validados (dominio), o reconocerlas como poseedoras de una estructura conceptual que individualmente han elaborado, con lo cual se instaura entre profesores y estudiantes la cultura del debate, de la demostración y de la contrastación de las respectivas

250

heurísticas. Este último es el espacio de las reconstrucciones y elaboraciones conceptuales y metodológicas.

Finalmente, esta contribución al debate se situó en una versión que se precia de ser racionalista, no radical. Se sostiene que el constructivismo es un programa de investigación epistemológica en estricto sentido, cuya adopción por la pedagogía y la didáctica constituye el paradigma principal desde el cual hoy se monta la mirada sobre la enseñanza, en particular de las ciencias experimentales y las tecnologías. Para confrontar la afirmación precedente, basta una revisión a las principales revistas sobre educación que en la actualidad se publican en el mundo. El constructivismo es el concepto con el cual se identifican todos o la gran mayoría de los investigadores en pedagogía y didáctica. En los años venideros, será un paradigma que permeará las discusiones sobre el origen del conocimiento, y quien no domine esta epistemología quedará por fuera de los grandes debates.

Quien no haya elaborado algo sobre dicho programa epistemológico, tendrá dificultades para participar con altura intelectual, en las discusiones, en los congresos, simposios o seminarios sobre pedagogía y didáctica a escala internacional. Sin embargo, existen algunas personas autodenominadas constructivistas que, en sus enseñanzas o investigaciones, en una auscultación detallada de los procesos que emplean, son empiristas o empiro-positivistas.

Por otra parte, hasta donde la bibliografía y los intercambios personales de ideas permiten afirmarlo, no existe un punto de vista único o un acuerdo fundamental sobre la concepción constructivista, menos en la adopción por parte de la pedagogía y de la didáctica del programa de investigación epistemológico señalado (algo que no debe ser apreciado como una calamidad sino como profundamente productivo). El consenso está en la afirmación de que los hombres construyen prácticas sistemáticas y saberes, así como procesos de producción, demostración y validación social de los mismos.

Carlos Marx decía ya que el acto supremo de liberación al cual llega cada ser humano es aquel en el cual se hace consciente de que la estructura social, el conocimiento y todo lo cultural son construcciones de él (Landgrave, L., 1969), por lo que puede reconstruir o reelaborar nuevas y distintas posibilidades.

¿Desde dónde es usted admisiblemente constructivista? Quien quiera saber el "estado del arte de la pedagogía y la didáctica constructivista, vaya a la Universidad Pedagógica Nacional, y consulte el trabajo de grado. Citado (Ayala L., C. y Hamon D., G.R., 1991).

Usted, amable lector, ha leído estas anotaciones desde sus propios constructos. Usted, desde sus propios presupuestos, tiene también razón. Y no es negativo que sea empiropositivista o que tenga una concepción ingenua del conocimiento, ¿cómo se adquiere y cuál es su utilidad social e individual? El problema es que usted sea empiropositivista sin saberlo, o siga una posición epistemológica ingenua.

BIBLIOGRAFÍA

ADAMS, S.F. 1987. *Is the Physical Universe Real?* Phys, Educ. pp. 22, 34-40.

ALBERT, H. 1982. "La ciencia y la búsqueda de la verdad". En: *Progreso y racionalidad en la ciencia*. Madrid: Alianza Editorial.

ARBIB, M. A. 1967. *Cerebros, máquinas y matemática*. Madrid: Alianza Editorial.

AGULLA J.C. 1967. *Sociología de la educación*. Buenos Aires: Editorial Paidós.

AUSUBEL, D., NOVAL J.D. y HANESIAN H. 1976. *Psicología educativa: un punto de vista cognoscitivo*. México: Editorial Trillas.

AYALA L., C. L. y HAMON D., G.R. 1991. "El constructivismo: un estado del arte". (Tesis de grado). Santafé de Bogotá: Universidad Pedagógica Nacional, Facultad de Ciencia y Tecnología, Departamento de Química.

BABINI, J. 1986. *Arquímedes el Método, introducción y notas.* Buenos Aires: Eudeba.

BACHELARD, G. 1978. *El racionalismo aplicado.* Buenos Aires: Editorial Paidós.

BERGER, P. y LUCKMANN, T. 1968. *La construcción social de la realidad.* Buenos Aires: Amorrortu Editores.

BISHOP, A. J. 1988. "Aspectos sociales y culturales de la educción matemática". En: *Enseñanza de las ciencias",* 6 (2) pp. 121-125.

CANGUILHEM, G. 1971. *Lo normal y lo patológico.* México: Siglo XXI Editores.

CASTAÑEDA, J. 1968. *Lecciones en teoría económica.* Madrid: Aguilar.

CARR, W. y KEMMIS, S. 1988. *Teoría crítica de la enseñanza.* Barcelona: Martínez Roca.

CORWIN, T. M. and WACHOWIAK, D. 1984. "Experiment and the nature of quantum reality". En: *The Physics Teacher,* october 1984. pp. 425-429.

COHEN, R. 1985. *Atenas, una democracia.* Barcelona: Ediciones Orbis.

CHOMSKI, N. 1982. "Problemas de la explicación lingüística". En: *La explicación en las ciencias de la conducta.* Madrid: Alianza Editorial.

__________ 1984. *Reflexiones sobre el lenguaje.* Barcelona: Editorial Planeta de Agostini.

DAVIES, P. 1986. *Otros mundos.* Barcelona: Salvat Editores.

DE GORTARI, G. 1978. *La metdología: una discusión y otros ensayos sobre el método.* México: Editorial Grijalbo.

De ROUX, R. R. 1988. *Elogio de la incertidumbre. El oficio del historiador.* Bogotá: Editorial Nueva América.

DIERKS, W. 1988. *Anmerkunyen zu den padagogischen Asichten des Lehrgangs* "Stoffe and Stoffumbildungen" *and zu dessen Umsetzung in Unterrickt Aus 3.* Lehrgangsteil, Ginfuhrung. Stutgart: Kleitt.

DUBOS, R. 1986. *Un dios interior.* Barcelona: Salvat Editores.

DURKHEIM, G. 1972. *Las reglas del método sociológico.* Buenos Aires: Editorial La Pleyade.

__________ 1990. *Educación y pedagogía. Ensayos y controversias.* Bogotá: ICFES - Universidad Pedagógica Nacional.

EINSTEIN, A. 1973. "Sobre la teoría especial y la teoría general de la realatividad". En: *La teoría de la relatividad.* Madrid: Alianza Editorial.

ERAZO PARGA, M. A. 1992. "Los programas de investigación en las universidades como mediadores de un proceso hacia el desarrollo de actitudes investigativas favorables en los futuros profesionales". En: *Revista de la Facultad de Ciencias y Tecnología,* Universidad Pedagógica Nacional. Santafé de Bogotá. pp. 21-28.

FERRATER MORA, J. 1969. *Diccionario de filosofía.* Buenos Aires: Editorial Sudamericana.

FARRE, L. 1983. *Parménides/Heráclito.* (Fragmentos). Traducción del griego, exposición y comentarios. Barcelona: Ediciones Orbis.

FEYERABEND, P. K. 1984. *Contra el método.* Barcelona: Ediciones Orbis.

FICHTE, J. G. 1984. *Introducción a la teoría de la ciencia.* Madrid: Sarpe.

FLECK, L. 1986. *La ciencia y el desarrollo de un hecho científico. Introducción a la teoría del estilo de pensamiento y del colectivo de pensamiento.* Madrid: Alianza Editorial.

FOUCAULT, M. 1985. *Las palabras y las cosas.* Barcelona: Editorial Planeta de Agostini.

FURTADO, C. 1964. *Desarrollo y subdesarrollo.* Rivadavia (Argentina): Eudeba.

GARCIA BACCA, J. D. 1944. *Euclides. Elementos de geometría. Introducción filosófica.* México: UNAM.

__________ 1979. *Los presocráticos.* México: Fondo de Cultura Económica (Primera Edición. El Colegio de México 1944).

GARCÍA HOURCADE, J. 1988. "Ideas previas, esquemas alternativos y cambio conceptual". En: *Enseñanza de las ciencias,* N..6 (2). pp. 161-166.

GALLEGO BADILLO R., 1992. *Comunidad de educadores. Construcción y dinamización.* Santafé de Bogotá: Ediciones Antropos.

__________ 1989. *Discurso sobre la tecnología.*

__________ 1986. *El trabajo pedagógico.* Bogotá: Universidad Pedagógica Nacional.

GALLEGO BADILLO R., et. al. 1986 *Diseño y evaluación de estrategias y metodologías para la formación científica y tecnológica.* Bogotá: Universidad Pedagógica Nacional, Centro de Investigaciones (CIUP).

GAMON, G. 1971. *Biografía de la física.* Estella (Navarra): Salvat Editores.

GESCHWIND, N. 1980. "Especializaciones del cerebro humano". En: *El cerebro. Libros de investigación y ciencia.* Barcelona: Editorial Labor.

GIORDAN, A. 1989. "Representaciones sobre la utilización didáctica de las representaciones". En: *Enseñanza de las Ciencias*, N..7 (1). pp. 53-62.

GIROUX, H. 1983. "Teorías de la reproducción y la resistencia en la nueva sociología de la educación. Un análisis crítico". En: *Revista Colombiana de Educación* N..17, semestre I. pp. 61-108.

GORGORIO, S. N. 1987. "Dificultades didácticas y dificultades teóricas en la adquisición de los conceptos de área y volumen". En: *Enseñanza de las Ciencias*, Número extra.

GRANES, J. 1988. *Newton y el empirismo*. Bogotá: Universidad Nacional de Colombia.

GURWITSH, A. 1979. *El campo de la conciencia un análisis fenomenológico*. Madrid: Alianza Editorial.

HABERMAS, J. 1984. *Ciencia y técnica como "Ideología"*. Madrid: Editorial Tecnos.

__________ 1987. *Teoría de la acción comunicativa*. Madrid: Taurus.

HARRIS. M. 1986. *Caníbales y reyes*. Barcelona: Salvat Editores.

HEISEMBERG, W. 1980. *Encuentros y conversaciones con Einstein y otros ensayos*. Madrid: Alianza Editorial.

__________ 1985. *La imagen de la naturaleza en la física actual*. Barcelona: Ediciones Orbis.

HODSON, D. 1985. "Phylosophy of Science and Science Education". En: *Studies in Science Education*, F 2 (1). pp. 19-40.

HOOFT, G. 1980. "Teorías gauge de las fuerzas entre partículas elementales". En: *Investigación y Ciencia*, N..47, pp. 58.

HULL, L. W. H. 1962. *Historia y filosofía de la ciencia*. Barcelona: Editorial Ariel.

JACOB, F., 1986. *La lógica de lo viviente*. Barcelona: Salvat, Editores.

JARAMILLO VÉLEZ R., 1990. *Crítica del cientificismo en la inteligencia de la modernidad, en los 350 años del Discurso del Método. Apéndice 24/25 y 26/27.* Argumentos Bogotá: Fundación Editorial Argumentos.

JARVIG, I. C. 1982. "Comprensión y explicación en sociología y en antropología social". En: *La explicación en las ciencias de la conducta.* Madrid: Alianza Editorial.

KANT, I. 1982. *Cómo orientarse en el pensamiento.* Buenos Aires: Editorial Leviatán.

__________ 1984. *Crítica de la razón pura.* Bogotá: Ediciones Universales.

__________ 1985. *Prolegómenos toda metafísica del porvenir.*

__________ 1987. "Principios metafísicos de la ciencia de la naturaleza". En: *Revista de la Universidad de Antioquia,* Vol LIV, N... 209. Medellín. Colombia. pp. 28-29.

KERR, D. 1981. "Knowledge Utilization". En: *Knowledge,* Vol 2 N..4, June, pp. 482-501.

KELLY, G. 1963. *The Psichology of Personal Constructos.* New York, N. Y.: Norton.

KEYNES, J. M. 1983. *Crítica de la economía clásica.* Madrid: Sarpe.

KOLB, B. y WHISHAW, I. Q. 1986. *Fundamentos de neuropsicología humana.* Barcelona: Editorial labor.

KLINE, M. 1974. *Matemáticas en el mundo moderno. Introducción. Selecciones de Scientific American.* Madrid: Editorial Blume.

KOYRE, A. 1986. "Del mundo del más o menos al universo de la precisión". En: *Revista Naturaleza, Educación y Ciencia* N..4, 1er. semestre. Universidad Nacional de Colombia, Bogotá.

____________ 1980. *Estudios galileanos.* México: Siglo XXI, Editores.

KUHN, T.S. 1971. *La estructura de las revoluciones científicas.* México: Fondo de Cultura Económica.

LAIN ENTRALGO, P. y LÓPEZ PINERO, J. M. 1963. P*anorama histórico de la ciencia moderna.* Madrid: Ediciones Guadarrama.

LAKATOS, I. 1981. *Matemáticas, ciencia y epistemología.* Madrid: Alianza Editorial.

____________ 1983. *La metodología de los programas de investigación científica.* Madrid: Alianza Editorial.

LANDGREBE, L. 1969. *La filosofía actual.* Caracas: Monte Avila Editores.

LARROYO, F. 1982. *Aristóteles. Tratados de lógica* (El Organon). Introducción y comentarios. México: Editorial Porrúa.

LENIN V. I. 1979. *Materialismo y empirocriticismo.* Moscú: Editorial Progreso.

LEVI-STRAUS, C. 1964. *El pensamiento salvaje.* México: Fondo de Cultura Económica.

LWIN, R. 1986. *Evolución humana.* Barcelona: Salvat Editores.

LURIA, A. R. 1980. *Lenguaje y pensamiento.* Barcelona: Editorial Fontanella.

LLORENS, J. A. DE JAIME, Ma. C. y LLODIS, R. 1989. "La función del Lenguaje en un enfoque constructivista del aprendizaje de las Ciencias". En: *Enseñanza de las Ciencias* 7 (2). pp. 111 - 119.

LORENZ, K. 1984. *Consideraciones sobre las conductas animal y humana*. Bogotá: Planeta de Agostini.

LURIA, A.R. 1980. *Lenguaje y pensamiento*. Barcelona: Editorial Fontanella.

MACKEOWN, P. K. 1984. "Gravity is geometry". En: *The Physics Teacher*, December, pp. 557-564.

MAGOON, A. J. 1977. "Constructivist approaches in education research". En: *Review of Educational Research*, Vol. 47, N..4, pp. 651-693.

MALINOWSKI, B. 1988. *Magia, ciencia y religión*. Bogotá: Editorial Planeta de Agostini.

MAX-NEEF, M. 1986. *La economía descalza*. Estocolmo: Editorial Nordan.

MOGILL, A.T. 1973. "Laws of Nature: Discovered or created". En: *The Physics Teacher*, 11 (3) March, pp. 174-175.

MONOD, J. 1985. *El azar y la necesidad*. Barcelona: Ediciones Orbis.

MORIN, E. 1974. *El paradigma perdido*. Barcelona: Editorial Kairós.

MORRIS, D. 1985. *El mono desnudo*. Barcelona: Ediciones Orbis.

MOSTERIN, J. 1978. "La estructura de los conceptos científicos". En: *Investigación y Ciencia*, N..16; pp. 80-93.

MUSGRAVE, A. 1982. "Apoyo fáctico. Falsación, heurística y anarquismo". En: *Progreso y racionalidad en la ciencia*. Madrid: Alianza Editorial.

NELSON, S. D. 1979. "Knowledge creation". En: *Knowledge*, Vol 1, N..1, Sept. pp. 123-149.

NOVAK, J. D. 1988. "El constructivismo humano. Un consenso emergente". En: *Enseñanza de las Ciencias*, 6 (3); pp. 516-523.

NOVAK, J. D. y GOWIN, D. B. 1988. *Aprendiendo a aprender*. Barcelona: Martínez Roca.

NIÑO ROJAS, V. M. 1985. *Los procesos de comunicación y del lenguaje*. Bogotá: ECOE Ediciones.

NIZAN, P. 1971. *Los materialistas de la antiguedad*. Madrid: Editorial Fundamentos.

NIKITIN, P. 1959. *Economía política*. Moscú: Ediciones en Lenguas Extranjeras.

PIAGET, J. 1979. *El mecanismo del desarrollo mental*. Madrid: Editora Nacional.

__________ 1981. *Psicología y pedagogía*. Barcelona: Editorial Ariel.

__________ 1985. *Seis estudios de psicología*. Barcelona: Editorial Planeta de Agostini.

PIZANO SALAZAR, D. 1980. *Algunos creadores del pensamiento económico contemporáneo*. México: Fondo de Cultura Económica.

PLÁCIDO SUÁREZ, D. 1968. *Lucrecio. De la naturaleza*. Traducción del abate Marchena (Introducción y notas). Madrid: Editorial Ciencia Nueva.

PFUNDTH, H. AND DUIT, R. 1988. *Bibliography Student's Alternative Framewors and Science Education*. 2nd. Edition. Kiel (Germany): Institute for Science Education.

POPPER, K. 1962. *La lógica de la investigación científica*. Barcelona: Editorial Tecnos.

__________ 1980. "Capítulo P3" En: *Karl R. Popper y John C. Ecles. El yo y su cerebro*. Barcelona: Editorial Labor.

PLATA RUEDA, E. 1982. *El pediatra eficiente*. Bogotá: Salvat Editores.

POZO, J. I. 1989. *Teorías cognitivas del aprendizaje*. Madrid: Ediciones Morata.

PRIGOGINE. I. 1985. "La termodinámica de la vida". En:*Biología molecular*. Barcelona: Ediciones Orbis.

RAYNER, C. 1985. *La mente humana*. Barcelona: Ediciones Orbis.

RENNER J. W. and LAWSON, A.G. 1973. "Piagetan theory and instruction in physics". En: *The Physics Teacher*, 11 (3), pp. 165-169.

RICARDO, D. 1985. *Principios de economía política y tributación*. Barcelona: Ediciones Orbis.

SCHAFF, A. 1975. *Lenguaje y conocimiento*. México: Editorial Grijalbo.

SCHELER, M. 1969. *Conocimiento y trabajo*. Buenos Aires: Editorial Nova.

SCHNEER, C. J. 1975. *Mente y materia*. Barcelon:, Editorial Bruguera.

SCHIBECI, R.A. 1984. "Attitude to Science: on update". En: *Studies in Science Education* 11; pp. 26-59.

SCHUTZ, A. 1974. *El problema de la realidad social*. Buenos Aires: Amorrortu.

SHEPHERD, G. M. 1985. *Neurobiología*. Barcelona: Editorial Labor.

SEBASTIA, J.M. 1989. "El constructivismo: un marco teórico problemático". En: Enseñanza de las Ciencias, 7 (2); pp. 158-161.

SKINNER, B. F. 1986. *Sobre el conductivismo*. Barcelona: Ediciones Orbis.

SLOBIN, D. 1984. "El aprendizaje de la lengua materna". En: *Mundo Científico*, Vol. 1, N..5.

SMITH A. 1986. *La mente (I)*. Barcelona: Salvat Editores.

SMITH ADAMS. 1958. *Investigación sobre la naturaleza y causa de la riqueza de las naciones*. México: Fondo de Cultura Económica.

SOTELO, I. 1982. *Universidad y Plítica*. Bilbao: Ediciones Mensajero.

STEVGNS, J. 1988. "Human Nature and the Nature of Science". En: *The American Biology Teacher*, Vol. 50. N..6, September, 354-361.

TELLEZ IREGUI, G. 1992. *El constructivismo estructuralista de Bourdieu*. Santafé de Bogotá: Universidad Pedagógica Nacional. Trabajo de ascenso para la categoría de profesor titular.

TOULMIN, S. 1977. *La comprensión humana*. En: *El uso colectivo y la evolución de los conceptos*. Madrid: Alianza Editorial.

SUMMA INTERNACIONAL. N..65. *Los nuevos grurús de la administración*. Cali Colombia: Carvajal, S.A. pg. 22-32.

VIENNOT, L. 1976. *Le Raisonnement Spontanne en Dynamique Elementaire* (Tesis Doctoral) Université Pris 7.

VON GLASERFELD, G. 1984. "An Introduction to Radical Constructivism". En: *The Invented Reality*, pp. 17-40. P. Watzlawick (ed). Norton: New York.

WATKINGS, J. 1992. *El enfoque popperiano del conocimiento científico*. En: *Progreso y racionalidad en la ciencia*. Madrid: Alianza Editorial.

WEBER M. 1944. *Economía y sociedad*. Bogotá: Fondo de Cultura Económica.

WIACH, P. 1982. "Comentario a: Comprensión y explicación en sociología y antropología social". En: *La explicación en las ciencias de la Conducta*. Madrid: Alianza Editorial.

WORRAL, J. 1982. "Las formas en las que la metodología de la investigación científica mejora la metodología de Popper". En: *Progreso y racionalidad en la ciencia*. Madrid: Alianza Editorial.

YUKAWA, H. 1967. "Intuición y abstracción en el pensamiento científico". En: *El humanismo en la filosofía de la ciencia*. México: Unam.

ZAHR, E. 1982. "Experimentos cruciales. Estudio de un ejemplo". En: *Progreso y racionalidad en la ciencia*. Madrid: Alianza Editorial.

www.ingramcontent.com/pod-product-compliance
Lightning Source LLC
Chambersburg PA
CBHW051815150726
47998CB00001B/156